捧着莲石去朝圣

郑红兵 著

云南出版集团公司
云南人民出版社

图书在版编目（CIP）数据

捧着莲石去朝圣 / 郑红兵编著 . -- 昆明 ：云南人民出版社，
2011.7
ISBN 978-7-222-08063-8

Ⅰ . ①捧… Ⅱ . ①郑… Ⅲ . ①仓央嘉措（1683 ~ 1706）－传记
Ⅳ . ① B949.92

中国版本图书馆 CIP 数据核字（2011）第 125613 号

责任编辑：马清　黄河飞
责任印制：段金华

书　名	捧着莲石去朝圣
作　者	郑红兵　编著
出　版	云南出版集团有限责任公司 云南人民出版社有限责任公司
发　行	云南人民出版社有限责任公司
地　址	昆明市环城西路 609 号
邮　编	650034
网　址	www.ynpph.com.cn
E-mail	rmszbs@public.km.yn.cn
开　本	170mm × 230mm
印　张	18.75
字　数	80 千
版　次	2011 年 7 月第 1 版第 1 次印刷
印　刷	潍坊长城印刷有限公司
书　号	ISBN 978-7-222-08063-8
定　价	58.00 元

歲次戊寅題
文懷沙

如母之慈祥温润

马未都

辛卯夏

目录

CONTENTS

第三章 无瑕的净土 95

第四章 心灵的朝圣 139

第五章 上师的脚印 193

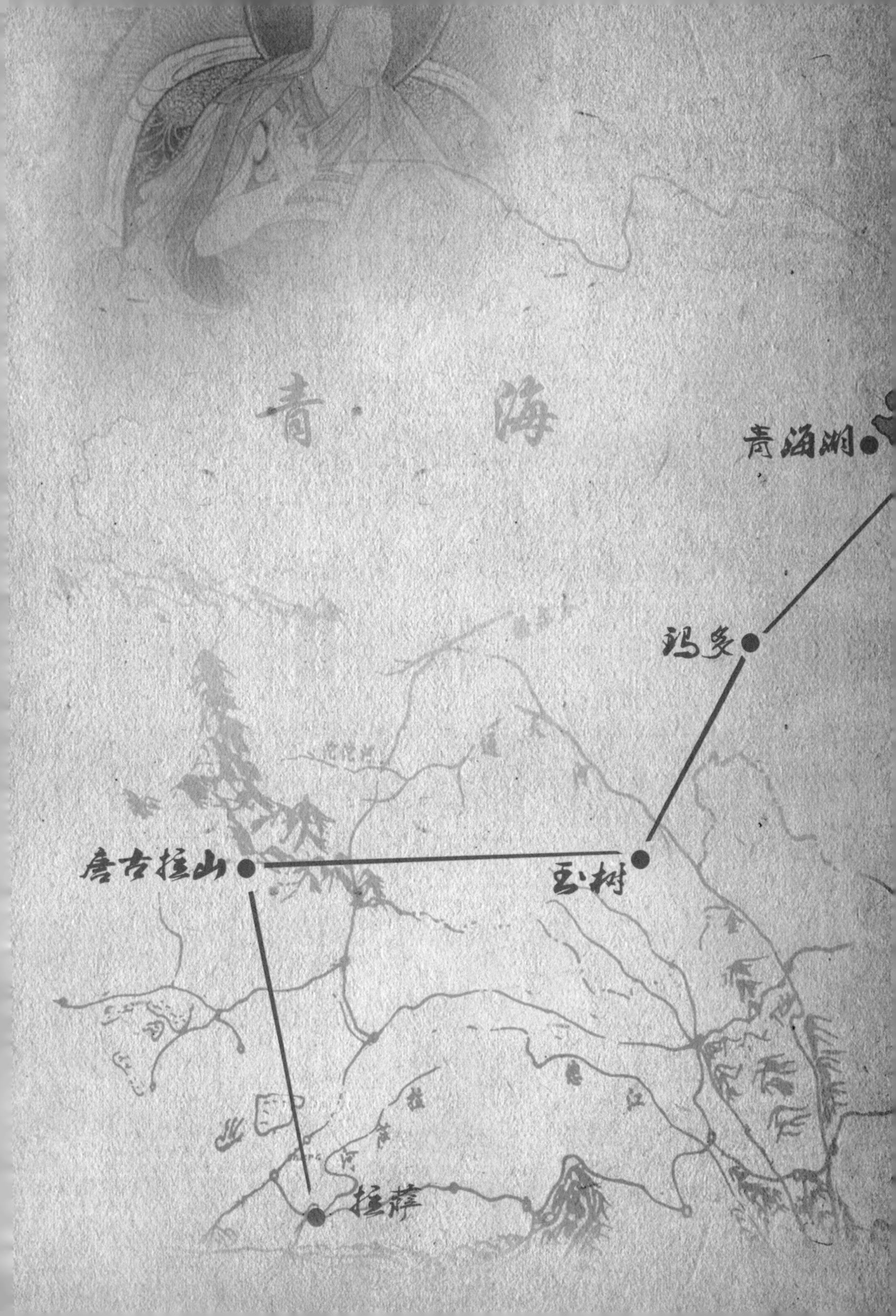

青海
青海湖
玛多
唐古拉山
玉树
拉萨

仓央之路

莲石，又称如母石、母亲石、仓央随玉。

据载，公元1706年前后，西藏六世达赖喇嘛仓央嘉措尊者途经玉树，路途艰辛，前途未卜，他便在地上打坐念经，忽然心中浮现出母亲的身影，顿觉温暖，有一种力量从心底升起。随即在他打坐的路边，发现了一块石头，洁白盈润，遂以此石雕刻成母亲的形象。在此后的40年里，这块母亲石一直陪伴着他教化劝善，撒播慈爱。

六世达赖仓央嘉措（一六八三－一七四六）

仓央嘉措，公元1683年生于藏南门隅地区的一户世代信奉宁玛派佛教的农民家庭。1697年，仓央嘉措被选定为五世达赖的“转世灵童”，同年9月，自藏南迎到拉萨，途经朗卡子县时，拜五世班禅罗桑益喜（1663～1737）为师，剃发受戒，取法名罗桑仁钦仓央嘉措。同年10月25日，于拉萨布达拉宫举行坐床典礼，成为六世达赖喇嘛。在著名学者桑杰嘉措的直接培养下，学习天文历算、医学及文学等，对诗歌的造诣很深。

公元1706年前后，西藏六世达赖喇嘛仓央嘉措因被密告为假达赖而被押解进京，行至青海的措如错纳时遁世而去，开始了自己的流浪生活。先后周游了青海、甘肃、蒙古、四川、卫藏、印度、尼泊尔等地，最终于阿拉善圆寂，享年64岁。

六世达赖喇嘛仓央嘉措尊者像

天堂大道寫宏圖
綠水青山撫聖湖
千年六世輕風過
遍撒運石敬佛陀

第一章

莲石的微笑

玉之缘起篇

保存好这尊玉佛，他是雪山，他是白云，是哈达，是乳汁，是六世佛王的心灵之托。

——甲木英丹·普勒尼玛

我深深的爱着仓央嘉措尊者，我为他而生，他是我心中最美的佛。

——甲木英丹·普勒尼玛

这是世界上最美的石头，他由莲花所生，由神灵护佑，他是母亲石，又称仓央脂玉。

——甲木英丹·普勒尼玛

能发现仓央脂玉，实属前世因缘，佛陀加持，我立志谨遵甲木英丹·普勒尼玛大师的教诲，无惧苦难，重走六世佛王的艰辛之路，终得此玉，并将其展示于世人，得佛光普照六道众生，仓央嘉措尊者佛心如玉，虽经万世，光芒无减。

——扎西尼玛

古人说“君子比德于玉”。玉的特性跟君子的德性是一样的。

管仲是春秋时期著名的政治家、军事家，他是被称为“春秋第一相”的齐国上卿，他在《管子》一书中写到：“润泽宽厚，仁也；表里一致，义也；音舒声远，智也；硬折不挠，勇也；白净无瑕，德也。”这是玉的五德。

作为喜欢玉的人，应该怎样理解玉的“五德”呢？

东汉许慎解释说：

“润泽以温，仁之方也”——温和滋润具有光泽，表明玉善施恩泽，富有仁爱之心；“䚡（xie）理自外，可以知中，义之方也”——玉有较高的透明度，从外部可以看出来其内部具有的特征纹理，表明玉竭尽忠义之心；“其声舒扬，博以远闻，智之方也”——如果敲击玉石，会发出清亮悠扬悦耳的声音，并能传到很远的地方，表明玉具有智慧并传达给四周的人；“不挠而折，勇之方也”——具有极高的韧性和硬度，表明玉具有超人的勇气；“锐廉而不忮，洁之方也”——有断口但边缘却不锋利，表明玉自身廉洁、自我约束却并不伤害他人。凡是有这样品质的美石则称为玉，有这样品质的人就是圣人。于是，古人常以美玉比喻君子，而大海一样的上师仓央嘉措尊者也如宝玉一般，他在人世间是为一位君子，在佛法中，他则是一位大慈大悲的菩萨。

仓央嘉措尊者赞颂：

仓央嘉措尊者如玉一般，仁慈之心，恩泽百姓，悲悯同体，善施众生；

仓央嘉措尊者如玉一般，直心道场，表里一如，外表圣相，内怀真谛；

仓央嘉措尊者如玉一般，声名远扬，博学多闻，清净高洁，智慧表法；

仓央嘉措尊者如玉一般，命运多舛，如琢如磨，如切如磋，勇不折挠；

仓央嘉措尊者如玉一般，寓法于爱，利斩烦恼，不伤凡人，自亦无染。

在讲述仓央嘉措尊者的事迹和教化之前，我们必须要弄明白一个佛教故事的含义，故事的内容有助于我们理解仓央嘉措尊者。如果这个故事不明白，那么，以世俗人心去混乱猜测尊者的行为，难免言不符实，乃至误会错解。这个故事就是鸠摩罗什吞针的故事。鸠摩罗什尊者是佛教大德，他现世公元344－413年间，其父名鸠摩罗炎，母名耆婆，鸠摩罗什的名字是父母名字的合称，汉语的意思为“童寿”。东晋时后秦高僧，著名的佛经翻译家。与真谛（499—569）、玄奘（602－664）并称为中国佛教三大翻译家。

话说前秦灭亡后，后秦君主姚兴迎接鸠摩罗什尊者来到长安城，拜为国师。鸠摩罗什主持了庞大的译场，译出大量佛经，获得极大成就和声望。君主姚兴视鸠摩罗什为奇才“圣种”，唯恐断后，便强迫尊者接受女人，以“传种接代”。

姚兴常异想天开地对鸠摩罗什尊者说：“法师才学超众，海内无双，只是已经年近六十了，却无子嗣，难道欲令法种断绝吗？我有宫妃数百，想以其中二人送与你，如能生几个儿子，也好继承你的智慧才学，不知法师意下如何？”

鸠摩罗什一听此言，立即想起了十几年前吕光逼婚的旧事。但吕光的逼婚是戏辱，而姚兴逼婚却是尊敬。尊者无可奈何，便苦笑一声说：“我经常感觉到好像有两个小孩站在我的肩上，妨碍我的修行。看来只好遵奉您的命令了。”

鸠摩罗什大师为了译经大业，只得忍受了。从此之后，鸠摩罗什尊者不住在佛寺僧房，另外迁往他处。

这事在当时的僧人中引起震动，有人对于鸠摩罗什尊者生起轻慢心，有些僧人甚至开始羡慕尊者的艳福，也妄想仿效。鸠摩罗什尊者知道后，便召集众僧，示以一满钵的针说：“你们若能与我同样，将一钵银针吞入腹中，我就同意你们娶妻蓄室，否则绝不可学我的样子。”说罢，将一钵银针吃到了肚里，与平时饮食一样。诸僧见尊者有此异能，不敢效仿，遂罢却了娶妻之意。

鸠摩罗什尊者仍不放心，他每次登座讲法，必要对大家解释说：“我被逼无奈，娶妻蓄室，行为虽同常人，精神却超越俗事。譬如莲花，虽生臭泥之中，却能出污泥而不染，你们要像采撷莲花的芬芳一样，但取其花，不要取其泥，我的戒行有亏，但是我翻译的经典，如果有违背佛陀的本怀，让我深陷地狱。如果我翻译的经典不违背佛陀的本怀，那么让我的身体火化之后，我的舌头不烂。”

后来，鸠摩罗什尊者圆寂，火化后有舌头舍利。尊者的舌舍利，至今保存在甘肃麦积山附近的武威，市中心有鸠摩罗什寺，里面建有他的舌舍利塔。

这就是罗什吞针的故事，暂告一个段落，为什么在介绍仓央嘉措尊者之前介绍古代大师鸠摩罗什尊者，大家看过后面的叙述就知道了 ......

总之，六世达赖仓央嘉措尊者是藏密大成就者，如果我们按照一个普通人去设想他，那就会如鸠摩罗什的弟子一样是愚不可及的。

一、脂玉奇缘

三百年前，你不认识我，我不认识你。三百年后，你是我的上师，我是你的信徒。我沿着你所走过的路一路走去，去拾取你留下来的佛光慧影，获得玉石粒粒，大爱无边。

——扎西尼玛

这是一段神奇的因缘，更是一个真实的故事。

扎西尼玛，十几年前还是一个对佛教懵懂无知，对玉毫无了解的普通人，却因为母亲病重，并为母亲寻医找药，结识了一代高僧甲木英丹大师，从此开始了他追随仓央嘉措尊者的足迹，寻找玉石的旅程……

世间万事皆有因果，没有无源的泉水。这个传奇，传于儿子对母亲的孝道，奇在对母亲的思念，也可以说对母亲的爱和对佛母的崇敬，贯穿了脂玉传奇的始终。对于扎西尼玛而言，母亲是一篇无字的诗，母亲是一首无声的歌，母亲的爱似雪山，母亲的爱是伞盖，多少年的风雨沧桑，深深的镶嵌在母亲的脸上，那犹如年轮般的沧桑，那一条条的皱纹都是为了儿子深深刻下的思念，那霜白般的满头银丝就像雪山上的雪莲，在母亲的眼里儿子是永远也长不大的孩子，而母亲在儿子的眼里永远如圣母一般。

一九九六年，扎西尼玛因为母亲腰痛病严重，到处求医问药而不得解决。扎西尼玛正在为母亲苦恼之际，巧遇一位朋友，他建议去求助一下内蒙古阿拉善旗达里克庙的主持甲木英丹大师，据说这位得道高僧不仅佛法高深，而且慈悲为怀、乐做善事，有着治病救人的本领。

烦恼即菩提，那时人们还不像今天那样熟悉和热爱西藏，更不要说了解和结识藏传佛教的高僧了。然而提出建议的这位朋友也是德高望重，只要能治好母亲的病在所不惜，所以扎西尼玛毫无迟疑，很快便和这位朋友及家人一起拜访了甲木英丹大师。

甲木英丹大师，全名甲木英丹·普勒尼玛，是一位蒙古族的藏传佛教高僧，他是北京佛学院的教授，同时也是十世班禅的老师。甲木英丹本人生在达里克庙，长在达里克庙，作为达里克庙的主持，创造了达里克庙的辉煌，后来亦圆寂于此。

达里克庙位于阿拉善左旗豪布尔都苏木陶力嘎查驻地，距巴彦浩特西北 150 公里。建于清仁宗嘉庆二十四年（公元 1819 年）。

生老病死是人生的定数，扎西尼玛等人拜会甲木英丹大师的那一年，大师年事已高，身体也已非常虚弱，但他依然非常和善的接待了这队急于求医的人马。扎西尼玛后来回忆起那次见面，依然如大师在旁一样，历历在目。

当时，甲木英丹大师看了看扎西尼玛老母亲的腰痛病（实为腰椎间盘突出）说："不要太看重，这病关键在于养，要好好休息保养。"他没有说太多关于病痛的事，只是寥寥几句问候的话，却让一行人顿感轻初次发现仓央脂玉，温情暖暖的隐藏在冰雪之下……

松，扎西尼玛母亲的病痛竟然奇迹般的减轻了许多。

听大师一说，大家如释重负。随后，一行人随意的聊起了天，甲木英丹大师虽然德高望重，却非常的随和友善。最后，这位大师和扎西尼玛等人说：如果有心向佛，祈福祛病，应该多做善事，多结佛缘。

大师现出略有所思的神情，随后说道：“我有一个心愿，有生之年恐怕难以完成了。”甲木英丹大师不无遗憾继续说道：“我非常希望有人能够替我去完成这个心愿，那就是重走一遍当年仓央嘉措尊者遁世时所走过的路，去感受一下这位我心目中最美的活佛曾经经历的苦难，这也是一种修行和祈福啊！”

这话在扎西尼玛心里引起了一阵波澜，他想这位仓央嘉措尊者是个什么人？为什么大师的最后的愿望是重走他的路？这路到底在何方？路上会有什么奇遇？这一连串的问题在扎西尼玛的心里激荡起来。

就是这样一次短短的会面，却改变了扎西尼玛后半生的人生道路。此后，扎西尼玛如约实现了重走仓央嘉措尊者遁世路线的愿望，并且重走那段旅程成为他生活中最重要的事情，甚至是他的一种生活方式了。就是在这一路上，他发现了如母石也就是传说中的仓央脂玉的踪迹。

如母石的美，打动了扎西尼玛。对这种石头的神奇的感受使扎西尼玛一步步地深刻地认识了这种美石，并通过如母石进一步认识了仓央嘉措尊者，也许是受到六世佛王的加持和甲木英丹大师的指引，他发愿一定要世人一同欣赏到如母石的美丽，让世人了解仓央嘉措尊者的心怀，从而了解佛，皈依佛。

有人这样赞美如母石：

仿佛用晶莹的露水酿出的琼浆，神采奕奕如白色的乳汁凝成的乳酪，

仓央脂玉散播的一路便是佛国之路。这一路
虽然风雨艰辛，却也是走向智慧通达的一路，
走向幸福圆满的一路……

虽然它生在茫茫戈壁的乱石之中，美玉的品格却如舟船一样在时间的长河流淌。那到底意味着什么？原来是大海一般上师的慈悲，把真身舍利洒向人间，佛陀的智慧随着美玉而流传于四面八方，美玉整合其名为仓央。

佛经上说：万法皆空，因果不空。

如母石的发现也是这样，有非常深远的因缘，让我们通过对阿拉善到拉萨的仓央之路的采访记录，了解一下如母石的奇缘，了解仓央嘉措的情歌，了解在佛光普照下的西藏和蒙古的人民，并追忆由这段奇缘所引发的奇妙的故事……

扎西尼玛：“一切事情皆有缘分，这个石头也是一样，只有与石头有缘的人才能得到这块石头，缘分有时候是很神秘的。最初，我也不是以找这种石头为目的的，因为我本身也是搞地质的，喜欢石头这确实是我的性情，但能结识我的上师本身也是一种缘分，发现如母石就更是缘分了。”

鲁迅的弟弟周作人在1950年的报刊上撰文介绍了仓央嘉措尊者：“夜共喜饶大师谈，康熙间仓央嘉措继阿旺罗桑坐床受位，是为第六世达赖，仪容俊美，文采秀发，不谨戒律，所作歌曲多言男女，间及佛法。尝微服宵出，变名趋酒家，与当垆人会，一夕大雪，遗履痕雪上，事以败泄坐废，走青海坐病死，藏之人怜而怀之，至今大雪山中未有不能歌六世达赖情辞者。”

“走青海坐病死”是清史上的记载，实际是尊者隐姓埋名遁世修行的另一种猜测而已。实际上，尊者遁世后一直在阿拉善蒙古地区弘法，成为这一方水土的人民最尊敬的上师，尊者于64岁圆寂，还在南寺中

修建了灵塔，这在后话中将要详细说到。

在文化大革命浩劫中，仓央嘉措尊者灵塔和肉身被毁，当时甲木英丹大师也在受难之中，未能保护尊者灵塔。甲木英丹大师最后只收集了仓央嘉措尊者的骨灰和一些舍利子。可贵的是，他们抢救到了仓央嘉措尊者最珍贵的贴身遗物——一个海螺、一块金牌以及一块母亲形象的玉石——就是被传说已久的如母石！

未能保护住仓央嘉措尊者的真身，甲木英丹异常悲痛，要知道这可是整个阿拉善旗人民心中的最高活佛啊，也是整个藏民心目中最被爱戴的上师啊！他的灵塔，是藏民心目中最神圣最敬仰的地方，也是后人拜祭和与大师神灵沟通的地方，然而此刻都已化为灰烬……所以，仓央嘉措尊者留下的舍利子和遗物，便是他唯一留下来的实物了。

此后，这些遗物一直被甲木英丹大师仔细的保存着。这是他认为最宝贵的东西，能够保存这些遗物，既是他的责任，也是他最大的幸福和荣耀，他希望后世能有更多的人可以感受到仓央嘉措尊者的福运泽被。

扎西尼玛回忆：当时我在当地政府部门工作，一听到关于这个石头的事情，心头一热。搞地质的人对石头有一种热爱，这种对石头的热爱是这段因缘的开始，一开始是学着辨认，到最后逐渐对石头熟悉起来。

最初看见这个石头的时候，第一感觉就是觉得它很神圣，这种神圣感指引着我把这个事业进行下去，在这种神圣的使命感的驱使下，我才获得了寻找这个石头的巨大的勇气和力量。

大概上师看到了我的热情和诚心，于是首先给我指引了一些路线，我沿着这些路线，跋山涉水，走了很多路，跑了很多地方，到了甘肃、青海等许多地方，在寻找的时候，我发现只有在很特殊的位置才能找到

中央的须弥山王，请你屹立如常，太阳和月亮的运转，绝不想弄错方向。

这种石头。

说到感觉，我认为是这种石头给我的，这种石头有很特殊的内涵，一种神圣蕴含在其中，越跟这些石头接触我越觉得这种石头很神圣。

一个人的力量毕竟有限，从去年开始，我请了一些人帮我寻找这种石头，这些人一开始的三个月都辨别不出这种石头，最后弄了一大堆的烂石头。后来我就跟工人讲解这种石头的韵味，经过一段时间他们才有所感悟。后来大家的感受越来越深了，只要在很远的地方就能产生这里有这种石头的感觉，这是真的。

这是天地间一份少有的宁静。我无论走到哪里，也忘不了这份安详，传递着的万籁俱寂，除了一声声的犬吠，便是风铃中的叮当了。

二、大师遗愿

“我拜别我的母亲，走上了远行的路，为了一个承诺，为了一个寄托，为了寻找梦中的仓央脂玉——如母石，为了这个承载母爱的传说，为了一个或许今生都无法完成的寻找。”

——扎西尼玛

就在扎西尼玛和甲木英丹大师相识后不久，这位一生为弘扬佛法耗尽心血的高僧便安然离世了。他留下了遗愿，一是希望后人重走仓央嘉措尊者的遁世之路，此外便是妥善保存他抢救和保存的仓央嘉措尊者的遗物。

甲木英丹大师是因为胆结石去世的，其实只是很小的毛病，只要动手术就可以治愈，但他不愿这样。他说：“佛祖赐予我们修行的身体，是不可以用刀子来伤害的，在佛法里这也是不允许的，我宁愿病痛，因为病痛也是修行的一部分。”

捡石途径玉树的玛尼堆，这些石块和石板上，大都刻有六字真言、慧眼、神像造型、各种吉祥图案，它们也是藏族民间艺术家的杰作。

回想大师的一生，他虔诚向佛，苦心修行，历经苦痛，亦毫不懈怠。他生在达里克庙，五岁便出家；九岁，来到格鲁派六大寺院之一的塔尔寺；14岁，便作为伴读与十世班禅一起修行，同时也是班禅的蒙语老师。此后的大部分时间里，甲木英丹都跟随十世班禅左右，包括后来跟随班禅来到北京，成为北京佛学院的教授。

文革时期，作为达里克庙的主持，甲木英丹也遭受到了冲击，被送去劳动改造，那时候身在北京的十世班禅曾给他找好妻子，希望他能够还俗，以免受到牢狱之灾，但甲木英丹宁可劳动改造，也坚决不肯还俗。他所感最幸的是，文革时没有离开阿拉善，让他能够抢救到仓央嘉措尊者的舍利子和遗物，让他能够为这位他最敬爱的仓央嘉措尊者做些事情。

作为对仓央嘉措尊者最好的尊敬和纪念，这些遗物一直被甲木英丹大师仔细地保存着。直到临终之前，甲木英丹才拿出这些遗物，交给他的徒弟们。

大师的徒弟回忆起临终前甲木英丹大师的嘱托时说："那时大师已经骨瘦如柴了，却依然忍住病痛，态度安祥。大师把我叫到身边，和我念叨着，我的孩子，我很想念我的母亲。"说着，大师从怀里拿出一块绢布包裹，他握着我的手说："保存好他们，这是仓央嘉措佛爷留下的遗物，里面是他母亲的本尊。"

大师说："佛爷一生苦修，从西藏历经磨难，来到这里弘法，一路上几次险些遇难，那些艰辛不是你我能领会的。在他途径玉树的时候，路途凶险无法前行，他便在地上打坐念经，意念中浮现出母亲的身影，顿觉温暖。便发现身边有一地莲花般的脂玉，栩栩如生，如莲花盛开，

翻越玉树的山，轻抚山顶的云，
你带着什么样的心情来到这里，
便会带着什么样的景色离开……

让他心生爱慕，后雕成他母亲的样子，一生藏于身上。我的上师口传这个经典于我，我有缘在南寺被毁时得到佛爷的遗物，此生再无遗憾。我唯一有愧上师的是，不能重走仓央嘉措佛爷的苦修之路，我今天将这遗物传给你，希望你能代我完成这遗愿。”

这就是大师的最后遗愿。徒弟们打开包裹，看到了那尊小巧却温暖可人的慈母玉石，还有一块刻有六字真言的金牌。就此，扎西尼玛接受了上师的指示，开始完成甲木英丹大师的遗愿，重走仓央嘉措尊者遁世弘法之路。这是一条危险的路，也是一条吉祥的路，这是一条佛法的路，也是一条铺满珍宝的路，这就是扎西尼玛所行的寻玉之路。

朝圣的路上，遇见许许多多这样的牛骨，在西藏人的观念中，和他们生活息息相关的牦牛是美好的神圣的动物，玛尼堆上人们把牦牛的头骨刻上经文作为献祭……

三、如母石

她无语，却真挚；她平凡，却伟大；她无微不至，却又博大包容。她像微微细雨，滋润你心；她像三月煦阳，温暖你心。她是你心中最真最切最深的爱，但你却常常忘记了她。

在那高高的东山顶上，

升起一轮皎洁的月亮，

玛吉阿米美丽而醉人的容颜，

时时荡漾在我的心房。

这首诗很多人误解为仓央嘉措尊者写给情人的情诗，其实这是不了解玛吉阿米的意思的缘故，一位精通藏语的人说：“诗的意思是，我看到情人的脸，让我想起了我的妈妈，但是他又不是我的妈妈。”在现实生活中，找个情人像妈妈的应该说是不胜枚举的……

三百年前，有一位被藏人尊敬爱戴时至今日仍被人追随传颂的活佛，他就是六世达赖仓央嘉措尊者。尊者经历了人生最大的苦难，那一路的悲苦孤独自不必说，他心境低沉郁愤，却又无可奈何。他有普通人纠葛

的情感，也是满怀才情的潇洒圣僧；他对失去佛王权力可轻易释怀，却为无法挚手的至爱而悲苦。不过，他仍然是转世的活佛，他非常明白，人生的悲苦，如无底的深渊。

他的苦痛，常人无法承受，在途经的玉树，发现了一块玉石。那玉石洁白盈润，温暖细腻如同母亲的双手，抚摸着玉石如同抚摸母亲光滑的皮肤一样。玉石的美好温润让他想起了自己的母亲，无限美好和慈爱的母亲啊，曾经给了他多少温暖和教诲，一想到母亲那双充满期待和爱意的眼神，想到曾经抚摸他的温柔的双手，想到曾经拥抱他的温暖的怀抱，仓央嘉措尊者知道，这个世界上永远有一抹温暖和阳光，在母亲的心中为他留存。

那玉石是否是上苍赐给仓央嘉措尊者的礼物，让他在最苦难的时刻想到还有神灵在护佑他，还有母亲时时挂念着他，为他祈福。仓央嘉措尊者立刻找来随行的工匠，将这块玉石雕成母亲的样子，随身携带。此后，这块母亲玉石随行仓央嘉措尊者经历了无数苦修磨难，见证了多少传奇故事，也给予了圣僧无限的温暖和力量……

三百年后的今天，人们在仓央嘉措尊者的遗物中发现了这块充满神迹的母亲石，尽管身上蕴含了三百年的光阴沧桑，她依然洁白光润如昔。三百年的缘分未结，后世对仓央嘉措尊者充满敬爱的弟子和信徒们，为了追寻圣僧的足迹，感受那一路的苦修，开始沿着仓央嘉措尊者遁世的路线行走，去寻求神灵遗迹，散播佛性光芒，演绎了一番新的传奇……

了解藏传佛教的朋友也许知道，六世达赖仓央嘉措在被押送至青海时神密失踪，他到底在哪里圆寂？他的转世又该是谁？后续的藏传仓央嘉措尊者在其诗歌第一首中用道了他独创的一个藏语词汇——玛吉阿米。“阿米”的意思是母亲，“玛吉”指未曾生育。字面上看就是：今生没有生育过我的母亲。在年轻的活佛心中，就是“如母”或“如母众生”。在藏传佛教看来，母亲是人生的第一尊“佛”，母亲和孩子之间的爱就像月光一样广大无边。视人如母，情由天生，这才是至深至纯的“爱”。

佛教史上的阿拉善这一分支如何解释？这些都已成为无解之秘。也许唯一的解释就是：佛就是佛，只要信仰他，他便与你同在！

据仓央嘉措尊者的弟子回忆：只身遁去的六世达赖仓央嘉措尊者游历印度、西藏、四川、安多等地后，与1716至1746年期间在阿拉善弘法30年，被当地人尊为上师葛根，他的思想与阿拉善的历史紧紧相连，一段段神奇的故事在这里代代相传。

1746年仓央嘉措尊者在腾格里沙漠腹地圆寂，他是广宗寺第一世葛根。仓央嘉措尊者的亲传弟子阿旺多尔济尊上师遗愿，做了十年准备后与乾隆二十一年（1756年）开工修建广宗寺弘法。次年建成后将仓央嘉措尊者的法体搬至寺内供奉，并迎请仓央嘉措尊者的转世灵童座床，举行盛大开光仪式。乾隆二十五年（1760年）清廷赐藏满蒙汗四种文字的乾隆御笔金匾。历史上这里的寺庙建筑规模之大、僧侣人数之多、经典制度之完善、宗教级别之高足以和青海塔尔寺相并论。

扎西尼玛曾展示过一块乳白色的玉石，是一个藏族慈悲妇女的形象，这就是19世纪六十年代，在仓央嘉措尊者的肉身灵塔中发现的，据说仓央嘉措尊者遁世在青海内蒙一代弘扬佛法的时候因思念母亲，让人用这种玉石雕刻了的母亲形象，以表达和寄托对母亲的思念。

甲木英丹大师生前曾经讲，玉人有许多传说。原来六世佛王仓央嘉措尊者自幼离开母亲后，非常悲痛，恰逢动荡，并远离故土和自己的人民，使尊者对母亲的思念雪上加霜。在被押解的途中经过玉树，得到此白石，如同白莲花一般洁白动人，看见此石如足踏白云一般直

这是朝圣途中一座寺庙的经堂，抄写经卷是喇嘛们每天很重要的功课之一，抄写好的经文会整理好放在佛堂里，年复一年已经积累的和佛堂一样高了……

升天际，得大欢喜。在仓央嘉措尊者看来，这无疑是他在母亲身边的觉受，思念母亲的心情终于有了寄托，后来他让人雕塑成母亲的形象，时时刻刻揣在怀中，对母亲的思念寄托在白玉像上，一直伴随在六世法王的身边，直至他圆寂。

仓央嘉措尊者珍藏的这块玉石，的确与扎西尼玛在仓央之路发现的玉石的成分是一样的，他说："事实上，很多地方都可以找到这种石头，但是要发现它确确实实需要有一种缘分，你看那么大的地方就只有一块这样的石头，以我以往的经验，在一个地方找到一块这样的石头，在这个地方你就再也不会发现第二块了。"

这玉石与佛法一样珍贵稀有，既要让它遍布各地，同时也是珍贵非常，没有缘分的人是得不到珍贵的佛法的，同玉石一样，没有缘分的人也是得不到的，这与尊者弘法的愿力是多么的相似！难道这是偶然的吗？

佛度有缘人，如母石正是这样既珍贵稀有，又不拒绝有缘的人，使扎西尼玛产生了一种使命感去努力发现这种石头，就像发现佛法法宝一样，扎西尼玛认为这是仓央嘉措尊者的愿力的另一种表现的形式，是上师弘法的另一种显相，也是另一种舍利的显相。

扎西尼玛开始行走寻玉之路，寻找这种石头，就在寻找的过程中他体悟了这种石头的另一种深刻的意义。当扎西尼玛面对这种石头，它很洁白很神圣，他喜爱石头，是有因缘的。在上大学的时候扎西尼玛就喜欢石头，对石头很感兴趣，他接触了仓央嘉措尊者的如母石之后，对这种石头就更加感兴趣了。他觉得这是佛赐给他的神物，慢慢的他对藏传

玉树当卡寺：鸟儿安详的蹲在寺庙的金顶上……

佛教等等相关的一切非常感兴趣，而且产生一种对佛教有更深刻了解的愿望。

这种石头，成为了扎西尼玛精神世界的引路人，它指引着他的精神世界，扎西尼玛对这种石头已经不仅仅停留在一种外在的欣赏，而是内心的感受。找石头只是一种形式，而在寻找石头的时候就像寻找真理一样，这样的感觉，他想把它传递给每一个找到这种玉石和得到这种玉石的有缘人。

在玉树玛尼石堆上，一只小狗蹲坐在上面。无论我怎么逗它，它都蹲坐再那里，目视远方。

四、朝圣修心

这是被神灵护佑的旅途，这一路我们曾访过六大寺院，走过六座神山，到过六大圣湖，如果说人生在世你还有什么想做的，那就是，让我再重走一次这样的路途吧。

——扎西尼玛

未能有机会在甲木英丹大师临终时与他诀别，一直是扎西尼玛的一个遗憾。不过在扎西尼玛的心目中，与甲木英丹的缘分似乎始终未了，那重走仓央嘉措尊者遁世之路的嘱托，常常萦绕在他的心头。

直到与大师诀别后的三年，2002 年 5 月扎西尼玛才第一次踏上了朝圣之路。那一年，扎西尼玛的工作不太顺心，心中许多郁闷烦扰之事无法解脱，于是就想着出去走走，哪怕散散心也好。

去哪里呢？重走仓央嘉措遁世之路吧，甲木英丹大师曾经嘱咐过的，感受一下活佛仓央嘉措遁世的路程，那是不可替代的祈福和苦修啊，当时他并没有往深处想，只是想着摆脱世俗的缠绕，找一块净土让自己的心灵重新变得安详。这样想着，扎西尼玛立刻着手准备旅程。

玛多——玉树，这条路这么长，没有开始也没有尽头，我找不到答案，却在这里与你相遇……

朝圣之路，是从拉萨到阿拉善，途径工布、理塘、玉树、青海湖、西宁，路途超过两千公里。那可是一条曲折蜿蜒、风险重重的路途啊，就算是今天，可以开着车走青藏公路，但那一路海拔全在4000米以上，路况不佳，气候恶劣，还要翻越六大雪山，跨越六大河流，艰险可想而知……想一想三百年前遁世的仓央嘉措尊者是如何走过这样的路途啊？他是经历怎样的艰难险阻才修成正果啊？这样一想，虽然心有畏惧，却更加的想去探寻这样不同寻常的路途了。

扎西尼玛在银川准备了一辆吉普车，约了两个要好的朋友，查找了许多资料，也准备了不少的路途中必备的用具。他的旅途路线设计是反向的，从阿拉善开始，逆行仓央嘉措尊者的路线，目标拉萨。

扎西尼玛回忆：现在想想，若没有当时的无知冲动、无所畏惧，若没有甲木英丹大师的嘱托和对仓央嘉措尊者的敬仰爱慕，甚至若没有当时的苦恼烦闷，这一行还不知何时可以成行。然而这一行，却让扎西尼玛发现了人世间竟有如此奇异的美景，然而要领略这样的美景，又要付出何等的艰辛与磨难呢。

他说：“在路上，常常呼吸困难，头痛欲裂，整个人好像要死掉一样的，一秒钟都不想再坚持了。因为我们是中原人，所以这一路的高原反应是最难以应付的。再加上没有经验，路况不好，所以时刻都感觉危险重重，非常紧张，几次都想为什么来受这份苦？”

然而，真正的美景便是伴着这艰苦而来。当你几乎要窒息的时候，抬头一看，那巍峨圣洁的雪山就矗立在眼前，巍峨神秘，云雾缠绕，空旷寂静，细雨纷飞，那感觉仿佛置身于画中仙境，几欲窒息的胸立刻开阔平和起来，头脑也变得空旷宁静，只感叹这世界怎会如此的圣洁安然？

捡拾仓央脂玉的河床

又不时会遇到河流或波涛汹涌或水花跳跃，这面貌不一的水如同风情万种的女子，嬉笑打闹的缠绕着山峦，突感生活怎会如此的单纯活泼？又有时会发现某一荒漠却史迹丰厚的庙宇，祥和的老僧给你讲述佛祖渊源、前生后世，仿佛你曾与他有不解之缘；有时有会遇到同行的路人，你会找到久违的热情和亲切；或者看到那三三两两朝圣的蒙古人、藏族人，你会发现另一个世界，另一种生活……

扎西尼玛以前也经常旅游，但从未经历如此的艰苦，却也从未感觉精神上受到如此强烈的冲击和震撼。“这是青藏美景带给我的震撼，或许，也是仓央嘉措尊者、甲木英丹大师带给我的感悟吧。”

第一次旅程，因为经验不够丰富，所以扎西尼玛等人用了十天的时间走到玉树，便结束了此行。

扎西尼玛感叹说：“太苦了，但也太美了！还有，就是我们越发的期待着下一次、再下一次的行走。”从此，行走仓央嘉措尊者的遁世之路，便成了扎西尼玛一生中最美的事情。

五、艰辛历程

我要对大家说，这种玉就像心灵的灯塔一样，就在任何一片土地上如果有这样的一块石头，这片土地就好像有了一个灯塔，照亮了这一片土地，就有一种要留在这片土地的感觉。

——扎西尼玛

玉石传递着一种文化，几千年来，对于中国人的内心和灵魂有一种震撼力和召唤力，有了玉就好像在黑暗中看到一点星星一般的光明一样。

扎西尼玛回忆：

这种玉就像心灵的灯塔一样，就在任何一片土地上如果有这样的一块石头，这片土地就好像有了一个灯塔，照亮了这一片土地，就有一种要留在这片土地的感觉。为了这座灯塔，就是付出再多的辛苦我也心甘情愿。

为了找这种石头，我已经开坏了两台车了。有一次下雨，路十分泥朝圣：人生最重要的不是我们置身何处，而是我们将要前往何处。

泞险滑，车子突然失去了方向，一下子掉到十几米深的深沟里。说来也奇怪，人一点事情也没有，当时车里有四个人，都没事，连一点伤也没有，真的是十分神奇，也许这就叫缘分，只有这样的缘分可以使我们有惊无险，让我们的事业能够进行下去。

刚开始寻找石头的时候，我们用的车的车况不大好，经常坏。有一次眼看还有40公里就到达有吃住的地方了，在那个荒郊野外，一到晚上就会刮风下雨，那真是叫天天不应叫地地不灵，我们身上也没有吃的了，因为本来就想着忍耐一下，马上就到地方了，没办法只好在那里等着。足足在风雪里等了三个小时，终于来了一辆车，那个司机真的是非常好心的人，我们还没来得及拦车，他自己就主动停下了。那人问怎么了，我说我们车坏了，他说要不把我们的车吊到他的车上，他们的车是个带大吊车的大车，他把我们连车带了40公里，这样我们才回到了驻地。

现在想起来也感到很神奇，那个地方遇到一辆车都不容易，结果是我们不仅遇到了车，而且是遇到一个大吊车，这个车好像是专门接我们的一样，我们等了那么长时间就这么一辆车，而且还带着可以把我们的车吊到他们车上的工具，我觉得在冥冥中佛真的在保佑我们。还有那次掉沟里的遭遇，我们车里的人都迷迷糊糊的，大家眼睛一睁开就有一种不可思议的感觉，很惊讶地想我们怎么会在这里？只有我当时还算清醒，当时我心里急死了，刹车也没有用，方向也没有了，那段是我们回程的路，车子后面带着的石头太重了，可能是一下子把车给压起来了，我们都感觉上天在保佑我们，那辆车当时就已经报废了，可是我们四个人倒是没事。

民间传说中的念青唐古拉山神外表英俊亲切，充满人欲人情。尽管他狭隘善妒，但越是这样就愈发的可爱。念青唐古拉身边有一座低垂着脑袋的山，那是它的儿子，因为一个劲儿地猛长，念青唐古拉说：你比我高了可不行，一个巴掌过去，作为儿子的那坐山就再也抬不起头来了。

到了夏天，天气非常炎热，在戈壁里，地面反光非常强烈，很辛苦。但是我们每次找到了石头真的都非常高兴，一种完成某种使命的感觉荡漾在我们的心中。我们每次出去的收获都不等，有时走远了收获多一些，我们最远走到过玉树，最多能收获几百公斤原料，有时候一出去就是十几天，二十几天，一般玉石都有矿脉，但是我们找的这种石头没有矿脉。

沉睡在玉树河床间的仓央脂玉……

六、神奇的石头

神往之人不留，真去学佛修仙。我这青年不住，也去山洞里面。

——仓央嘉措

仓央嘉措尊者走过的地方，便留下白石，白石散播的一路，便是天堂之路。这一路上，即使风雨艰辛不断，却也是走向智慧通达的一路，走向幸福圆满的一路。如母石，美丽纯净，神秘而充满灵性。这样的灵物，寻常人如何可得？若非虔诚朝圣，又怎可感悟这玉石精髓？

无数次，扎西尼玛去寻找白石的路上，越发的发现这白石的神奇之处。“你认真的找它，偏偏寻它不着，你无意中的轻轻一瞥，却常常可以得到一大块的仓央美玉。”也奇怪，随行的人马一批，但常常只有扎西尼玛可以发现石头。“远远地，我就可以感觉到那里好像有块石头，可是别人怎么也看不到，而我走过去，经常是有惊喜的，有的大有一两

玛多，星星海

斤，有的小如围棋子。”

这玉石的分布也非常有特点，“她只在湖泊和河道的水中可以发现，尤其是在仓央嘉措最初发现如母石的玉树附近，这里是三江源头，这样的石头最多。”此外，在青海湖和果洛玛多附近的河道中，也可以发现这样的石头。除此之外，这一路上是很难寻得到如母石的，更别说其他的地方。

这玉石神奇之处便在于，她只在仓央嘉措留下足迹的地方出现，只可被有慧眼且有虔诚向佛之心的人获得。

如母石，谓之美玉，因其纯净美好；谓之宝石，因其神秘灵性。

白石铺径，那便是通往觉悟平安的天堂之路了。

我们要找的石头，跟一般的玉石是不同的，它不存在于一个矿中，这正是这种玉石的神奇的地方，找这样的玉石十分辛苦，而且需要缘分，这种玉石散落在大漠的各处，完全不能集中采集，要靠人力在旷野中寻找如同大海捞针，这玉好像一个游方僧人，这与仓央嘉措遁世弘法是那么的相似，如大师的行踪，虽然令人不可捉摸，但是人们又不能忽视他的存在和广传，如同仓央嘉措的情歌，让人觉得合情又与众生的贪爱不同。看似万物无凭，其实冥冥中早有定数。

在寻找玉石的过程中，我们发现这种玉石一般散落在寺庙周围，在寺庙的十几公里中一定会有，特别是在青海境内，更是这样。有一次，我们在一个地方发现一块灰色外皮的石头，很多工人都看不到，这块石头在他们脚下踢来踢去，我一看就对他说：你看这块就很不错。结果用锤子敲开，里面露出了雪白雪白的玉石。工人看不到，而我能看到，虽

你不找它，它却时时出现，你努力寻它，它便躲起来不与你见。这是途中寻石人的背影……

我走在仓央嘉措佛爷走过的路上，
一个人，一条路，没有孤独，
没有悲伤，只有敬畏和冀盼……

然付出艰辛但是心里还是很喜悦的。

有人可能认为这是一种发现宝贝的喜悦，其实喜悦的根源不在此，这种喜悦是一种成功的喜悦，也是一种从平凡中发现不平凡的喜悦，如同仓央嘉措的诗歌，看似很平凡的男女情爱，而实质上充满了上师的超越凡尘的智慧，这不是一般人能理解的，要经过痛苦和艰辛的历程才能获得这种快乐。

我们能发现这种不同，那么我们也具备了识别真相的慧眼，正如佛说：心、佛、众生三无差别，我们众生本来具足智慧德相，只要我们肯努力就一定能证明。

寻石途中，遇到无数的玛尼堆。在藏传佛教地区，人们把石头视为有生命、有灵性的东西。自佛法深入青藏高原后，刻有经文的玛尼石在藏族聚居的村寨里相继出现，几乎村村都有玛尼石堆。大的村子多达六、七个。而如今每片居民区几乎都有一个。在寺院所在地，玛尼堆更大、更多。

在这佛光闪闪的高原，三步两步便是天堂，
有多少人却因为心事过重而走不动……
似乎唯一灵动的，只有这牦牛。

七、使命

我甚至放弃了对财富的追求，不计代价，在拾玉的过程中，收获最大的就是精神的满足和喜悦，我要把这样的喜悦传递给更多的人。

——扎西尼玛

在仓央之路上发现玉石，已经让扎西尼玛忘记了什么是财富，他被如母石的美丽所折服，也可以说是被仓央嘉措尊者的魅力所折服，他沉浸在美丽的境界里，淡漠了对财宝的欲望。

扎西尼玛回忆道：

“好的石头有很多，我却对这种石头产生了兴趣，是因为我觉得它的神圣，感知到它的灵性。如母石也可以说是有佛性的东西，通过对玉石的感受，会启发我们领悟佛法的智慧，我有了这种体会，我就有了一种使命感。我的使命就是要把这种与佛心心相映的感觉传播给大家，要使大家跟我有一样喜悦，获得佛一样的加持，在寻找石头的过程中，这样的念头与日俱增，成为我战胜困难的神奇力量。

我甚至放弃了对财富的追求，不计代价，在拾玉的过程中，收获最大的就是精神的满足和喜悦，我要把这样的喜悦传递给更多的人。虽然困难仍然很多，还有很多人不理解，这大概就是佛常说的因缘吧，我虽然对佛法不能很好的解说，但是我就用世俗的例子跟他们解释，我对他们说，神奇的事物可以创造神奇的人，神奇的人可以发现神奇的事物。

事实上，很多有修证的活佛圆寂后也能留下舍利宝，这不是偶然的，心和物是可以相互转换的，如母石把佛的智慧传递给了我，我也发心通过如母石把佛的智慧传递给众生，我有了这个愿，任何困难都不能难住我了。

在此之前，我跟许多人一样，也不信佛，这是真的，就是到了寺庙我也从不磕头，也不点香，我甚至觉得那些都是迷信。自从我和如母石结缘以后，我发现我变了，心变得清净了，人也变得纯粹了，烦躁的心也变得宁静安详。过去，在我当干部的时候，那真叫烦恼多多，几乎是夜不能寐，现在我有一种解脱的感觉，如同一只困鸟，终于飞出了金丝的牢笼。

我请的工人也或多或少要有些改变，也许还需要一些时间，所以我一再强调与玉石结缘同与佛结缘都要一定的时间，也需要机会，合称起来就叫时机，佛教中也叫机缘，佛度有缘人嘛！

就连我们捡拾的石头也不是都是如母石的，道理是一样的，在我们初次捡拾的石头中大约要剔除 50% 的是石料，再进行筛选只能留下 10%，遇到一块好的是很难的。在芸芸众生中，与佛有缘的人总是难得的，

在这无常的轮回里，到底有没有恒常不变的事物？屹立在云水间的丰碑，你又看到过多少的过往？来来去去，似乎这经幡也黯淡了天空的色彩……

佛玉难得，佛缘难得，学佛更难得，佛就像一个宝藏，今生能发现，相信并且拥有这个宝藏的确不容易，现在由于我们的捡拾，发现玉石的机会也越来越稀少了，我们还准备继续扩大我们的寻找范围，以便使更多的人与佛结缘得到佛的加持，得到喜悦和幸福。”

扎西尼玛与白石的缘分，依然在路上，无论是否还寻觅得到，他依然享受路上行走的艰难与快意。那些白石，积累了千年的灵气，经过仓央嘉措上师的点化，化作莲花朵朵来到人间，是为如母石。玉乃元灵之物，雕刻始成器。于是有心人遍寻刻石名家，将这些石雕琢成形态各异的器件，其中寄托了无限美好的祝福与祈愿。让我们再次走进历史，走进仓央嘉措尊者，从而能更好地欣赏如母石的品质。

“一路走来，已有十个年头，在这苦修的旅途中，我已不再畏惧。不再畏惧孤独，也不再畏惧艰辛。宁静通透，心如止水，因为我怀揣着如母石，这天外莲花。我愿用我的一生在这条路上行走，为的只是寻找梦中的如母石，为的是全天下的母亲都可拥有她，全天下的子女都能与母亲常伴。”扎西尼玛说。

转眼之间，沧海桑田。从 99 年结识甲木英丹大师，听闻如母石和这一条仓央之路开始，十几年已经过去。扎西尼玛也从一个年轻汉子，一个普通人，变成一个成熟的长者，一个虔诚向佛，一个一心实践上师嘱托寻觅灵石的忠实信徒。

扎西尼玛寻找的白石，也已载满半车了，那是他这十年苦修的见证。如今，路上的白石已经越来越难以寻觅了，但扎西尼玛依然在路上行走，对于他而言，这行走，就意味着生活，意味着修炼。

“以前我无法领会上师所说的遁世即是苦修，也无法领悟痛苦和磨难就是修行的一部分，甚至我没有想过我们为什么要修炼。但是，十几年走下来，我越来越能够体会上师的遗嘱有多么明智，他带来多少原本根本无法体验的感受和收获。那收获并不是你曾拥有多少经历或者财富，而是你的头脑越来越清醒，生活越来越简单，幸福的感受越来越容易获得。”

“我愿和所有的人分享这份经历，也愿意天下人都有缘走一走这条仓央之路。而我，未来的心愿，依然是在这条路上，度过我的生活。”

第二章

圣洁的莲花

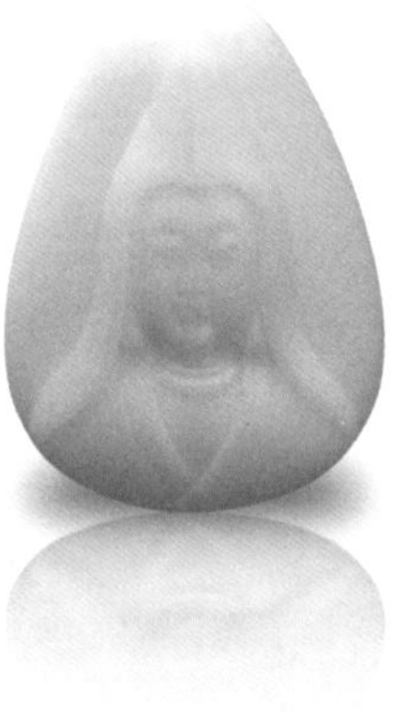

冰清玉洁篇

玉是美好的象征，古人说：君子无故，玉不去身。由于玉的优良品质，几千年来在中华民族中形成了民族爱玉心理，对玉的爱好，可以说是中国文化特色之一，玉是贵族的象征，汉代以前玉进入平民阶层是不可想象的。三千多年以来，玉的质地、形状和颜色一直启发着雕刻家、画家和诗人们的灵感。

一、六道轮回

转眼荣枯便不同，昔日芳草化飞蓬，饶君老去形骸在，变似南方竹节弓。

——仓央嘉措

要懂得美玉，必须了解君子的品德，要了解如母石，就必须知道仓央嘉措尊者的情怀，上师因慈悲而不断转世，凡人因烦恼而永远轮回。

时间的长河，悠远流长，我们望不见它的开始，也望不见它的结束。在这无始无终的广大虚空之中，有无量的世界国土，在这些世界里，生活着芸芸众生，无论这些众生以什么样的方式生活，他们一样是无量无边不可胜数。其中有一种生命，他们叫做人类，他们生活在婆娑世界。

婆娑世界，是三千大千世界的总称，婆娑世界是堪忍世界的意思，说明生活在这个世界的众生，不得不忍受许多艰难困苦，虽然他们很迷茫，但是人们仍然顽强地生活着，轮回着，生生死死永不停歇。

在这个世界中，众生以六道的形式轮回着。其中有可怕的地狱道，去那里的都是五逆十恶的罪人；有我们看得见的畜生道，昏聩愚痴的容易去那里；有阴森恐怖的饿鬼道，坏事做尽的容易去那里；这是下三道，也是世人所不愿意去的地方。

还有上三道，他们是人道，人生活在这里；有阿修罗道，是诸神争胜的国度；有天道，是无量天人生活的世界，舒适而幸福。

人是有生死的，因为婆娑世界是六道轮回的世界，人就在这个世界中轮回，生生死死，所以人的出生不是开始，死亡也不意味着结束。

那么众生是为什么在六道中轮回受苦的呢？法华经序品上说："六道众生，生死所趣"，趣就是指人的兴趣，取向，也就是说众生生在哪一道，是根据人的取向决定的。也就是说，轮回到哪一道，是由人自己决定的，善人取向善道，就往生上三道，也叫三善道。恶人取向恶道，就堕落在下三道，也就是三恶道。

仓央嘉措尊者写道：

不观生灭与无常，但逐轮回向死亡，绝顶聪明矜世智，叹他于此总茫茫。

他感叹道，愚痴的众生，不能知道人都是生生死死的现象，一切现象都不能永远存在，因为人在轮回中，所以人出生的时候就走向了死亡，无论在世间的人多么的绝顶聪明，他总是不明白生死轮回的道理。

以上引用了六世达赖仓央嘉措的诗歌，来自他流传甚广的情歌集，特别是近年仓央嘉措的情歌受到了众生的追捧。一些人觉得仓央嘉措写的都是情歌，可是专门研究仓央嘉措诗歌的专家认为，仓央嘉措写的不是情歌，而是道歌。什么是道歌呢？道歌也可以被称作宣扬佛法的诗歌。

至于宣扬佛法的诗歌，佛经中也有大量的存在，在佛经中叫做偈或偈子，是一种特殊的诗歌形式，也非常的优美隽永。如人们非常熟悉的《金刚经》中的一个偈："一切有为法，如梦幻泡影，如露亦如电，应作如是观。"我们也可以把这个偈看做一首诗。上文中，我们引用的仓央嘉措的诗歌，它的内涵显然不是情歌，感叹的是人间不知轮回的痛苦和原因。还有一些我们也可以称它为情歌，只不过，那是仓央嘉措对众生的大情大爱，也就是菩萨对众生的大慈大悲。

世人的追捧有很多是从情歌的角度出发，产生的一种喜爱。同时，又有谁能说出仓央嘉措心系众生的慈悲，时刻感染着每一位聆听他美妙的诗歌的听众。还有仓央嘉措诗歌中体现的空灵智慧，叫做道歌也不为过分。仓央嘉措的诗歌正是体现了他教化的特色，亦情亦道，情借道而抒发，道借情而广化，我们能不为仓央嘉措的伟大品格而欢喜赞叹吗？

达里克庙的大经堂朴素庄严，在七月的腾格里沙漠腹地的陶力嘎查。二百四十五年的历史皆镌刻庙前一石碑上，让人叹喟不已，沉思不已。

二、上师转世

至诚皈命喇嘛前，大道明明为我宣，无奈此心狂未歇，归来仍到那人边。

——仓央嘉措

大慈大悲的仓央嘉措，他是究竟的觉者，他出离了六道，悲悯在六道的众生，他时时来到人间，来救拔人类的苦难。在西藏的雪域，在阿拉善的草原，佛法在弘扬，活佛不断的转世。

藏传佛教的活佛转世，是藏传佛教有别于其他宗教和佛教其他支派的最为独特的方面。活佛转世的玄妙，增加了藏传佛教的神秘色彩，轮回是转世制度的理论依据。活佛的圆寂不过是化身为另一肉体的人而已。

达赖是蒙古语，意为"大海"；喇嘛是藏语，意为"上人"或"上师"。明嘉靖二十一年（1542 年），格鲁派（黄教）迎请创始人宗喀巴的后世弟子索南嘉措到哲蚌寺继任寺主职位。习惯上，我们把 4 岁的索南嘉措进入哲蚌寺的时间认定为格鲁派寺院的形成时间。

明万历六年（1578 年），蒙古土默特部顺义王俺达汗迎请索南嘉措

寻石途中经过古老的寺院，墙体全部是用砖瓦砌成的，木制的楼梯又斜又窄，踩上去发出“吱呀吱呀”的叫声……

到青海传教，甚为尊奉。两人在青海湖东仰华寺会面，互赠尊号。俺达汗赠索南嘉措以“圣识一切瓦齐尔达喇达赖喇嘛”称号，“圣识一切”是汉语，“瓦齐尔达喇达赖”是蒙语、“喇嘛”是藏语，这是一种多种语言组成的尊号，象征汉、蒙、藏共同敬仰，意思是“超凡入圣、学问渊博犹如大海一般的大师”。这就是达赖喇嘛名号的来历。

格鲁派僧众，上溯其师承，以宗喀巴的上首弟子根敦主巴为一世，以棍敦嘉措为二世。明万历十五年(1587年)，明朝廷册封索南嘉措为三世达赖。清朝当政后，也曾册封第五世达赖罗桑嘉措以“西天大善自在佛所领天下释教普遍瓦赤喇怛喇达赖喇嘛”尊号。由此，达赖喇嘛取得了蒙、藏佛教各派总首领的地位。达赖喇嘛的称呼从此正式确定下来并传承至今。

活佛圆寂时，如果已预示自己转世灵童的征兆、出生方向、地点等，那么就按照前世活佛预示的征兆，经寺院有地位的大堪布等降神抽签算卦，如占卜结果与前世活佛的预示相一致，那么便可根据降神指点的方向去寻找。

对于有影响的大寺院寺主活佛的转世，则须向达赖或班禅大师直接请教，由他们预测灵童是否已出世，出世灵童所在的方向、年龄、属相如何。在寻访灵童的方向、生辰八字确定之后，按照惯例还要探求灵童产生的具体地点、产生家庭的某些特征、父母姓名以及灵童诞生必有的奇异征兆。

如若寻访达赖喇嘛的转世灵童，则必须去拉萨东南方向的拉姆拉措(藏语意为“圣母湖”)去看显影。仪式由甘丹寺、色拉寺、哲蚌寺三大寺活佛、僧官参加。大堪布先向湖中抛洒哈达、宝瓶、药料等物品，并

我站在门口，却寻不到这轮回的门；听得见阳光，却闻不到风的气味……

在湖畔诵经祈祷，然后向湖内观看灵童转生地方的地形、村庄等特征幻景，以此作为活佛转生地的根据。看过显影后，就可按卜卦的方向和湖内的显影寻觅灵童了。如果在此方向上确有与卜卦出的环境相符的地方，便可继续寻找符合征兆的灵童。但寻访过程往往并非那么顺利，有时一位活佛的转世灵童需经几路人马寻访数年，方能被确定证实下来。

在寻访的方向地点上若确有与神的昭示相符合的家庭和儿童，寻访者要立即回报寺院。寺院遂派大堪布等人前往详细考察。他们要向村人和儿童父母了解儿童诞生的过程，仔细观察婴儿相貌、动作、机敏情况和身体健康状况。这实际上像是个优选儿童的过程。对于灵童考察的情况和过程，都要据实向寺院报告。在考察满意之后，还要取出前世活佛用过的遗物和不是活佛的物品数件，放置在儿童的面前，如果儿童拿到的是前世活佛用过之物，就证明这位儿童是前世活佛的转世灵童，遂将此情况向上级大活佛或达赖、班禅直接报告，获得认可后，才能认定灵童是真活佛的转生。

灵童一但择定，便迎入寺院抚养、训练。从此灵童就在全封闭的佛教氛围中成长起来，不受凡尘污染。被迎进寺院的灵童，要由高僧为其剪发、换僧衣，并给灵童授戒取法名。授戒取法名后，寺院还要为灵童剃度取名举行盛大庆典。待选定良辰吉日，便举行坐床仪式。活佛坐床后，按过去旧例，正式启用前辈活佛的大印，并开始学习佛学显、密经典。此后，小活佛便在严格的佛教戒律下习经修炼，直到学业合格圆满，到一定年龄即可正式主持教务。

仓央嘉措尊者被认定为转世灵童则有一些特殊的因缘，当时西藏的执政官第巴为了政治上的目的，将五世达赖圆寂的事隐秘下来，长达十几年秘不发丧，到正式宣布找到转世灵童时，仓央嘉措尊者已经是一个十几岁的青年了。这也使得尊者在今后的生涯中显出了更多的自主性，也成为导致他最后遁世的原因之一。

三、仓央嘉措尊者转世

光芒璀粲的松精玉石啊，如果不能遇有缘的知音，也只好可怜地被抛弃在路旁。

——仓央嘉措

在喜玛拉雅山的东南坡，北起泊拉山，东至卡门河，南抵布拉马普特拉河，人们把这里称作“门隅”，意思是低洼之地。这里有温暖的气候，充沛的雨水，森林密布，植被茂盛。

1683年3月，就在这块离政教中心拉萨的布达拉宫很远的地方，门隅拉沃宇松的邬坚林寺附近，仓央嘉措尊者诞生了，尊者出生于一个普通门巴农民家庭，虽然普通，但如同宝玉一样，虽出身在乱石堆中，丝毫不减其珍贵稀有，他父亲的名字叫仁增扎西丹增，母亲的名字叫次拉旺姆，他们的祖辈原来住在上原的派嘎村，后来由于一些原因，搬迁到一个叫邬坚林的地方。仓央嘉措就在这个普普通通，虽然贫困但却和谐幸福的家庭中无忧无虑的慢慢长大。

仓央嘉措诞生在邬坚林，传说他出生时出现了很多奇异的征兆。

寻石途中经过松赞干布迎接文成公主的迎亲滩，当年藏房连营、车马列队、旌旗猎猎，歌舞鼓乐的盛大迎亲场景只能凭我们的想像了……

当时，天空出现了一道彩虹，从天空中洋洋洒洒飘落了许多神奇的花朵，这些花朵散发着不一般的香气，有许多佩戴着宝石的众神仙展现在广阔的天幕之上，天幕之上还有众多喇嘛出现，他们身披披风，都带通人冠（桃形僧帽，帽顶尖长，左右有条形飘带，一般在宗教活动中佩戴），形成一个给新生孩子沐浴洗礼的景象。

仓央嘉措刚一出生落地，大地发生震动，这种震动一共发生了三次。此时，雷声隆隆，从天上如风一般降下点点的花雨，地上的花卉也绽放出花蕾，就连大树也开始发芽，更为奇异的是天空出现七轮朝阳，彩虹笼罩着仓央嘉措出生的屋子。

这个孩子的形象十分庄严美好，有成就者的相貌，《大方广庄严经》是这样描写的：

“这位成就一切（对佛的尊称）的孩子所具备的大勇者（佛教中的大勇，是指能为普度众生事业担负重任的王者），他有三十二种吉相：肉髻突兀头闪佛光，孔雀颈羽色的长发右旋着下垂，眉宇对称，眉间白毫有如银雪，眼睫毛似牛王之睫，眼睛黑白分明，四十颗牙齿平滑、整齐、洁白，声具梵音，味觉最灵，舌头既长且薄，颔轮如狮，肩膊圆满，肩头隆起，皮肤细腻颜色金黄，手长过膝，上身如狮，体如柽柳匀称，汗毛单生，四肢汗毛旋向上，势峰茂密，大腿浑圆，胫如兽王系泥耶，手指纤长，脚跟圆广，脚背高厚，手掌脚掌平整细软，掌有蹼网，脚下有千辐轮，立足坚稳。”

当他会说话以后，他能回忆起前世的住地，在什么地方，是什么名字，种姓、家族、颜色、寿星相貌等等。他一开始说话就讲到：“我不是小人物，而是三界的怙（hu）主，殊胜尊者罗桑嘉措。”他还说：“我

阿拉善南寺，五株莲花簇拥的圣洁之地，至今依然流传着关于仓央嘉措弘法的故事……

是从拉萨布达拉来，所以要尽快回去了，久已经把第巴（官名，清初西藏地方政府管理卫藏行政事务最高官员名称的藏语音译。又称“第司”，俗称藏王。原为酋长之意。清初为奉达赖命，代执西藏地方政务的官员。）和众多僧侣抛弃了，也应该去朝见觉沃仁波切了。”当身边的人问他：你是什么人？他说：“我是阿旺罗桑嘉措，虽然有第巴等人众，但我的权利比他们都大，现在我要到布达拉去了。”这些话语显示他是一位活佛转世，活佛意为化身，换句话说，菩萨为普渡众生而变现之色身，最终在人间找到了依托之物。

由于仓央嘉措尊者的诞生，使一系列的传说在民间传播，终于引起西藏上层第巴的注意。当得知扎西丹增家中降生转世灵童的时候第巴·桑杰嘉措严令封锁消息，第巴派人寻访转世灵童，并且给予他们前世殊胜尊者的佛珠等日常用具，第巴还传授了寻找灵童的机宜，对外宣说是去朝圣，开始了寻找转世灵童的秘密的行程。

仓央嘉措被认定为转世灵童经过了一番严格的辨查，当时寻访转世灵童的人因为受到了贿赂打算篡改结果，他们竟然对幼小的仓央嘉措说：“你这小子，常说布达拉布达拉，布达拉已经被火烧毁了！”但是到了最后，种种迹象表明仓央嘉措才是真正的转世灵童。由此我们可以看出,仓央嘉措在被认定为转世灵童的过程也不是一帆风顺的。

1976年,第巴·桑杰嘉措宣布仓央嘉措为五世达赖喇嘛转世灵童，派人迎请至拉萨坐床。14岁的仓央嘉措途径朗卡子宗时，事先在此等待的五世班禅大师洛桑益喜与他相会。他拜班禅大师为师，并剃发受戒，大师为他取名罗桑仁青仓央嘉措。藏历十月二十五日，仓央嘉措在布达拉宫坐床，开始了他的学习以及政教领袖的生涯。

仓央嘉措在登上无畏狮子大宝法座之前，并没有严格遵守法律戒律的习惯，为了使他尽快与他的身份相一致，第巴为他制定了严格的学习制度。由于第巴的政治需要，对五世达赖转世秘不发丧达十几年，致使仓央嘉措尊者入布达拉宫时已是青年。

当时的政治气候，表面较平静，实际暗流涌动。仓央嘉措在第巴的严格监督下开始了学经生活。他的经师除了五世班禅大师外，还有几位高僧大德。仓央嘉措凭借自己的天份和努力，学习了大量经典，仅《丹珠尔》就学了三遍。近十年的时间，他已精通大小五明，并有医药、历算等方面大量著述。同时，不分派别，将格鲁、萨迦、宁玛等各种有成就的经典、密咒、教规悉数学习掌握。另外，在跳金刚舞以及射箭方面，他也是好手。

尽管如此，仓央嘉措到拉萨后不久就已经发现，第巴·桑杰嘉措是真正的实力派人物。他一言既出，众人皆惟命是从，自己虽是政教领袖，但想将权力稔熟到他那个地步还差得很远。况且，蒙古王拉藏汗与第巴之间的权力斗争也愈演愈烈。第巴专权如此，并不想让仓央嘉措涉及这些，一则担心由此荒废达赖喇嘛学经，同时也嫌他太年轻，没有能力与拉藏汗争锋。如此，仓央嘉措政教领袖的身份实际上徒有虚名。这一方面给他带来了烦恼，无法继承五世达赖喇嘛宏图，在政治上难以施展抱负以饶益众生；另一方面也给他提供了自由，他正好有了大量的时间精修密法，证悟殊妙的胜境。

藏族和汉族一样对于母亲都是非常恭敬的。其实，喇嘛的意思就是众生之母的意思，意思就是说佛就像母亲一样，母亲就像佛一般。喇嘛的喇字就是高尚的意思，嘛字就是妈妈母亲的意思，喇嘛就是高

尚的母亲。

虽然做了喇嘛还是可以回家探亲的，而且可以常来常往。但是，黄教是不允许娶妻的。仓央嘉措作为六世佛王，回家看望母亲不是很方便，因为在藏人眼里他是佛，仓央嘉措的母亲也要向佛王行礼，尽管佛王的母亲也是十分受人尊敬。

在修法之余，仓央嘉措时常怀念他的母亲，他用歌唱回忆与母亲的日日夜夜，他唱歌的内容就是他自己写的那些诗歌，也许他的怀念也会有其他的信物作为想念母亲的凭证，比如用脂玉雕塑的母亲的形象，是啊，有什么比玉石这样的材料更能体现母亲的品质呢？

这是在旅途中经过的一座不知名的小寺院。喇嘛们端坐在法座上念经修法，看到我拿着相机走进，便抬头偷偷的端望……

四、南寺因缘

住在十地界中的，有誓约的金刚护法，若有神通的威力，请将佛法的冤家驱逐。

——仓央嘉措

要了解仓央嘉措就不能不了解他苦心选址修建的南寺。

从阿盟巴彦浩特南行三十公里来到贺兰山脚下，从一路的茫茫戈壁，穿过蜿蜒的公路，转过几个山口之后，豁然开朗，仿佛来到了另外一个世界。这里奇峰峭立，林壑优美，山上层峦叠嶂，云雾飘渺，山下流水汩汩，松涛阵阵，是一处绝好的避暑胜地。就在贺兰山主峰巴彦笋布尔峰下，有一座庞大的藏传佛教寺院。广宗寺，仿佛一处人间仙境，吸引着四面八方的信徒前来朝拜。而六世达赖喇嘛仓央嘉措，更是为这座寺庙增添了许多的传奇故事。

广宗寺，俗称南寺，是六世达赖仓央嘉措的寺院，寺中供奉着六世达赖的灵塔，这是远近信教群众虔诚向往它的重要原因。

我们知道，达赖喇嘛是西藏政教合一制度时的最高统治者，由于

白云围绕在寺院的金顶之上……

六世达赖仓央嘉措被拉藏汗废黜，另外立了一个“达赖”没有得到藏人的承认，致使当时的局势更加混乱。

康熙四十五年（1706年）仓央嘉措被送往北京，次年行至青海湖时，仓央嘉措忽然不见，悄然遁世，至于其中的详细因缘容后细说。押送的人员为了洗脱罪责，则上奏康熙皇帝仓央嘉措病逝于途中，以至于后来官方记载的都是病逝于青海湖畔。而实际情况则隐秘不现，而仓央嘉措遁世后来的行止，只为民间所传说，随着拉藏汗所立的达赖的坐床，清朝廷顺势承认，事情似乎告一段落了。

仓央嘉措只身遁世，化名为阿旺曲扎嘉措在各地游历十年，康熙五十五年（1716年）初次来到了阿拉善，成为被当地人信奉的上师，并受到了施主阿拉善第二代札萨克阿宝王的供养。于是仓央嘉措为了弘扬佛法，四处游走寻找合适的建庙的宝地，最后于康熙五十六年（1719年）找到了现在广宗寺的所在地。

寻找宝地是艰难的也是神奇的，传说仓央嘉措首次走进这个地方时，在一个沟口遇见了两个人，问其名，一位叫沙格达尔，一位叫达木丁，是藏语金刚手和马首金刚的两个菩萨的名字。仓央嘉措感到，这是两个菩萨化身人来接我了。现在在广宗寺的入口处，两侧石壁上雕刻着数十尊佛像，五彩斑斓，巧夺天工，其最外处的两尊佛像就是根据六世达赖仓央嘉措所遇见的两位菩萨金刚手和马头金刚的形象雕刻的。

仓央嘉措通过一个狭长的入口，来到此地，名叫赛阴希日格。在这里，原有供奉无量寿佛和弥勒佛的小庙，庙外住着两户牧民，一家叫“富裕”一家叫“昌盛”。仓央嘉措一到，一家则把锅里刚开的热气腾腾的热奶献给了他，一家则把刚刚缝制的新坐垫拿出来，请他到家中坐，种种的吉祥之兆，让仓央嘉措十分满意。再观望四周，周围群山呈现出吉祥的八种图案，地形如同一朵八瓣莲花，天上的光芒好似八辐金轮。仓央嘉措感到自己仿佛又走进了自己曾长年修行的本尊胜乐金坛城一般，心想如此祥瑞圆满的地点再难找到了，于是他就决定在此为他建造寺院，作为他弘扬佛法利乐有情的主要基地。

此后，近 30 年间他奔波于阿拉善和安多之间，致力于佛教事业。后来仓央嘉措把继续建寺的重任移交给阿旺多尔济之后，于乾隆十一年（1746 年）圆寂。

乾隆二十五年，清廷赐该寺名为广宗寺，授给镌刻有藏满蒙汉四种文字的寺名的乾隆御笔金匾，从此南寺有了这个名称“广宗寺”。

第三章

无瑕的净土

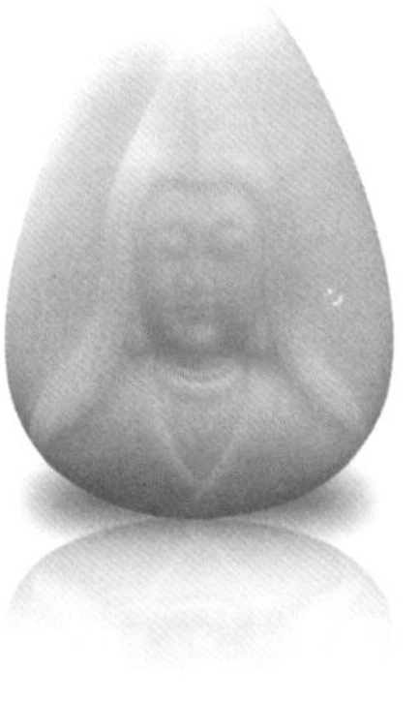

白玉无瑕篇

在林林总总颜色变化万千的玉石中，遇到自己“一见钟情”的即是某人和某玉有缘，如果能有幸拥有，即是结缘。每一块玉都是大自然亿万年变迁留下的产物，经过人工独具匠心的雕琢而成，而人是世间匆匆的过客，拥有一块属于自己的美玉，此乃缘分。“玉养人，人养玉”寓意着“人玉结缘”，充分体现了玉与人的和谐关系。

一、智慧

十地庄严住法王，誓言呵护有金刚。神通大力智无敌，尽逐魔军去八荒。

——仓央嘉措

仓央嘉措尊者从西藏出发，最后辗转归于阿拉善，完全是上师与北方的众生有缘，尊者早就通过他的智慧了知了这段曲折的因缘，他是带着使命从西藏来到阿拉善的。

如果敲击玉石，会发出清亮悠扬悦耳的声音，并能传到很远的地方，表明玉具有智慧并传达给四周的人。在佛教中，智慧又叫般若。能决断为智，简择为慧。没有智慧的人，往往犹疑不决，也不能做正确的选择。

根据《秘传》记载，仓央嘉措的父母也具备三十二种功德，关于他的母亲书中是这样描述的：尊者（指仓央嘉措）之母，为人所共知，品德没有瑕疵，她的父辈也都是仪态端庄，容貌娇美。尊者之母有普遍的声誉，在没有生育尊者之前，她的德行已经显现在世人面前，为世人所共知，遵守礼仪，乐善好施，当人们见到她时，她总是笑容可掬，聪明揭竿即为寺，合掌便有佛……旅途中我们经过了无数这样的圣洁之地。

而且有智慧，谦虚而且恭敬，对于艰难困苦她表现得无所畏惧。知识广博，不但能干而且贤惠，从不对人奸诈，也从不嫉恨别人。对人能够忍让，而且守信用，勤俭廉洁，尊重自省，不桀骜不驯，不喧嚣烦躁，凡妇人容易有的贪心、嗔心、痴心她都没有。

仓央嘉措尊者的母亲不仅是一个持家的好手，而且还是个讲故事的高手。母亲告诉仓央嘉措，太阳名叫“达登旺波”；告诉他有明镜般的湖水中走出的一位健美的男子，以月亮为弓，以流星为箭，将定情的靴带射向美丽的姑娘；还告诉他有一位天女化身的贫家姑娘卓瓦桑姆与嘎拉王一见倾心。这些美丽动听的传说故事伴随着仓央嘉措度过了一个又一个梦幻般的夜晚，母亲把美玉一般的品德传授给了仓央嘉措，使仓央嘉措聪明伶俐、快乐、自由的成长直至宣布他为转世灵童的那一天……

回到现实，在历代活佛的加持和呵护下，藏传佛教给藏人的智慧十分丰富，也就是说，在生活中的任何事，他们善于选择正确的，决断自己的行为。而有些人往往喜欢攀比，结果最辛苦的是自己，自己还深陷其中，不能从烦恼中解脱。有些人不是为了愉快而交往，而是用利益作为交往的前提。

人的情绪是可以互相感染的，当清晨，你一出门便遇到一个问候的笑脸时，那么你一天都是愉快的，如果遇到一个人用怨恨的语言骂你，你也会把这种不愉快的情绪传递给他人。

而美玉永远给人们展现自己美好的一面，用它的润泽，用它的声音，用它的纯洁，给人精神的愉快。藏人的想法比较简单和直接，他们为了快乐而交往，虽然想法简单了，可是他们感情却十分丰富，而

在我们困惑痛苦时她会变成一座山让我们依靠，在我们浮躁冷酷时她会变成一汪泉滋养着我们的心。
她是一尊佛，让我们懂得爱和信仰，她是我们的母亲……

有些人，想法丰富了，感情却没有了。仓央嘉措曾经游历过不丹，不丹是世界上人均收入比较少的国家，但是，却是世界上幸福感最强的国家。

玉就是这样一个简单的物质，但是玉石可以寄托人类最丰富的感情。如同仓央嘉措的诗歌，饱含着感情，但是谁又能否认上师的纯洁呢？

在西藏买东西，10元的东西我问他能不能少一点，他说9元，无论你再怎么讨价还价他也不给我让价了。后来我才明白，9元就是他的最低价了。这就是西藏人，他不会隐瞒过多的东西，直接就给你亮出了底牌，或者我们可以这么说，他心里本来就没有什么底牌可以亮。对于快乐的人来说，底牌太多会给人造成精神的负担，很多人不快乐不幸福也就是他的底牌太多。

有人认为这是一种傻，其实这是一种智慧，一种快乐的智慧。这样可以使人变得很坦诚，没有戒备和紧张，让人身心都很舒展。在有些地方做生意就很紧张，他开价6万，谈判的结果6千就卖给你，你敢买吗？你会怀疑他的底线到底在哪里？你会怀疑他的诚意，你会后悔，我是不是应该跟他讨价还价到600，即使他同意卖给你，你还是会觉得他不诚恳。为什么？我们会想，能600卖的东西他为什么要开价6万。结果疑云重重、陷阱密布，人怎么会不紧张呢？

藏族人很直爽，如果他觉得你这个人不行，他会直接对你说。如果他觉得你是个骗子，他就是在敬酒的时候也敢对你说这样的话。他们的表达很直接，不用你去猜忌。而有些人往往把想法埋在肚子里，就是话到嘴边也要留它半句，并且认为这是涵养，殊不知这在某种意义上也是一种虚伪。

有人可能不赞成这样的想法，认为思想简单了容易吃亏。事实上，

这是个不存在的理由，因为说直话真话一定要有一个环境，在西藏有那样的说真话的环境，因为人人都说真话，人们就没有说假话的必要了。正如快乐是可以传染的一样，真诚也会传染，众多的真诚会形成环境的真诚，一个虚伪也会造成众多的虚伪。到底是怎样才叫快乐幸福，大家自己定义，但无论如何宝玉永远是宝玉，它永远都会给我们以纯洁晶莹的视觉和触觉。这种不变的美丽与温润不正是佛的慈悲的最好的体现吗?

万法皆空，因果不空。也只有这
岩石上的壁画看得见一切……

二、香巴拉净土

入定修观法眼开，启求三宝降灵台。观中诸圣何曾见，不请情人却自来。

——仓央嘉措

近几年，“香巴拉”这个名词很是热络，但是“香巴拉”到底是什么意思？很多人都不甚了解。

“香巴拉”是藏语的音译，又译为“香格里拉”，其意为“极乐园”，是佛教所说的世界，为时轮佛法的发源地；佛学界认为香巴拉是一个世外桃源，是藏传佛教徒向往追求的理想净土即：“极乐世界”、“人间仙境”。

仓央嘉措圆寂后，传说他就是往生了一个极其神秘的国度“香巴拉净土”，有藏族学者名叫阿旺班智达在其论述中这样描绘香巴拉世界：“香巴拉”是人类持明的圣地，它位于南瞻部洲北部，其形圆、状如八瓣莲花，中心的边缘及叶子两边环绕着雪山，叶子之间由流水或雪山分香巴拉在莲花的中心，边缘是无法逾越的雪山……
朝圣途中经过这里，仿佛到了香巴拉仙境……

开，雪山和秃山、石山和草山、林山和花果山、湖泊、树木及园林等都美丽得令人陶醉。中央的顶端有国都噶拉洼，中心柔丹王宫，十分美妙，王宫透明发光，照射四周，使之分不清白天和黑夜，四周如明镜般清亮，十五的月亮也较之逊色。连五十由旬（一由旬约 40 里）以内的水中戏游生物的形象都看得非常清楚，窗户是水晶做成的，从窗户能看清日月星辰及十二宫等。柔丹王狮发顶髻，戴着金冕、宝镯足剑，显得十分威风，周身发出亮光，其食物及享用等，天上玉皇也难以相比。他有许多妃子，王子降生时，花雨绵绵，盛开前所未有的奇花显示祥兆，众多王子在诞生时降花雨，七日不见婴孩，只见宝物发出光明，当然这是人的美好愿望。这个传说是有源头的，它的来源就是《时轮经》，在藏传佛教中，香巴拉的信仰是一个重要的宗教核心，传说佛祖释迦摩尼传授给香巴拉国王的就是《时轮经》的原文。

而藏传佛教的各派高僧大德们都认为："在冈底斯山主峰附近的某个地方，有个叫"香巴拉"的神秘所在地，那里的首领是金刚手恰那多吉化身——绕登·芒果巴，教主为无量光佛亦称阿弥陀佛。香巴拉共有七代法王，即：月贤、天自在、威严、月施、天大自在、众色和天具自在，七代法王均传授"时轮根本经"；他们掌管着 960 万个城邦组成的幸福王国，这里没有贫穷和困苦，没有疾病和死亡，也没有人与人之间的尔虞我诈，更没嫉恨和仇杀……这里花常开，水常清，庄稼总是在等着收割，甜蜜的果子总是挂在枝头，这里遍地是黄金，满山是宝石，随意捡上一块都很珍贵，当然这里不用钱，因为钱没有用。这里的人用意念支配外界的一切，觉得冷，衣衫就会自动增厚，热了又会自然减薄；想吃什么，美食就会飞到面前，饱了食品便会自动离去。香巴拉人的寿

命以千年来计算，想活多久就可以活多久，只有活腻了，感到长寿之苦，想尝尝死的味道，才会快快活活地死去……

藏传佛教格鲁僧众普遍认为：宗喀巴大师不会死，他暂时去了香巴拉天国居住，总有一天会重返人间。所以，在他圆寂时，未选定转世灵童。在四世班禅传记中，亦有："昔日班禅罗桑确吉坚赞当他修习密宗圆满后，进入了香巴拉佛境，他由天国重返世间时带来了'羌姆'金刚神舞，借以镇压魔鬼、酬谢神灵，教化有情众生积德行善，脱离苦海，进入香巴拉极乐世界……"在藏传佛教寺院内，大都绘着香巴拉壁画、唐卡和立体坛城形象。

生活在雪域高原的西藏人，他们认为现实是苦海，要遭到生老病死的折磨，由于种种因缘在六道轮回中无休止的往返；为脱离苦海，必须断除轮回业力、皈依佛法、通过六度，即：布施、持戒、堪忍、精进、禅定、智慧。这样才能脱离苦海达到彼岸，香巴拉就是他们憧憬的天堂。藏民族从形成的那一天起，就注定要成为雪域山河的骄子，世界屋脊的主人。因为有"香巴拉"在等待着他们。

在朝圣途中的山间、路口、湖边、江畔、几乎都可以看到一座座以石块和石板垒成的祭坛——玛尼堆。也被称为"神堆"。

三、白色

路上遇见的意中人，身上飘溢着醉人的芳香，担心拾到的白玉琮，会再丢失远方。

——仓央嘉措

如母石即仓央脂玉，色如莲花，而莲花多是白色的。白色，是藏民的崇拜色。他们认为白色代表着佛祖的伟大旨意，遍布于山川河流的白石都寄托着佛祖的神灵，这些白色的石头都是有灵性的，他们崇拜白石，因为他们深信世间万物有灵。

白色的雪山，洁白的云朵，白色的帐篷，白色的哈达…… 藏地是一个处处洁白的纯净之地。藏人喜欢白色，崇拜白色，他们认为白色代表着宇宙天极、日月星辰、天地山川，并且，他们有着崇拜白石的习俗。

“白色的石头，在藏地随处可见，藏民们崇拜白石，家家户户把白石供奉在窗前、桌上、墙上或者房屋的四角，祈求平安和福运。”扎西尼玛行进在仓央嘉措的遁世途中，亲眼见证了这种习俗。

这种习俗由来已久，据说在以靠打猎为生的远古时期，天与地连成一片黑白不分，是天神与地神用白石支天，将天与地分开，为远古的人类提供了生存的空间。由于白石的如此巨大的神奇威力，祖先就视白石为“灵器圣物”，专门用来驱魔消灾，以保安宁。

藏民们对白石有着特殊的感情，白石是他们情感和愿望的寄托，是他们传达感情的一种别样方式。所以不难想象，当年仓央嘉措在遁世途中偶然看到那么美丽的白石，心中是怎样的喜悦啊。

如母石也是白石的一种，只是它的质地更为纯净美丽，是一种美玉。她是白石的极品，寄托着无限美好的愿望与祝福。如母石的色主要为白色，也有一部分米白和淡的胭脂色，而白色恰好是藏族人最喜爱的颜色。

藏族人是不过生日的，只有老人到了 80 岁才过，并且给老人穿上白色的衣服。藏族人喜欢白色，白色代表藏族人的心，没有一丝污染，透明纯净的像如母石一样洁白无瑕。

白色的石头对于藏人来说是十分重要的，如果家里生了儿子，那家的门口会放上白色的石头表示吉祥。藏族人在形容人的内心纯洁会说你的心是白色的。有白色的血液的人修行是很高的，据说第司桑杰嘉措被杀的时候流出来的血就是白色的。这与汉地的传说十分的相似，据说禅宗一位祖师被害时血也是白色的，还有印度的龙树菩萨也是如此。

藏人认为，人应该是一碗清水，但是会随着社会上的污染逐渐变得浑浊甚至是肮脏的，一位藏族老人半开玩笑地说：“现在的人，在大城市中生活，童年还是清水，随着年龄长大，等到大学毕业后就成为了浊水，长到三四十岁就成了污水了，但是人要是信佛，这碗清水可以保持到老……”

老人朴素的话语说出了真知灼见，在西藏，向尊贵的客人敬献白色的哈达也表明了我对你的心是纯洁的坦诚的，对你的友谊是真挚的，没有一丝污染。如果我们能到西藏，多接触一些藏人，对这一点我们会有更深刻的感受。

对于仓央嘉措，藏族人非常喜爱他和他的诗歌，虽然仓央嘉措写了很多情诗，但是谁也不能否认上师心灵的纯洁。尽管很多时候仓央嘉措是借情讲道，但是他将那种内心中纯净美好的情感转达给每一个喜欢他的人。无论在西藏还是内地，白玉无瑕的品质是人所共同仰慕的。虽然众生都是俗人，但无论是少男还是少女，老男还是老女谁不渴望自己的爱情也是白玉无瑕的呢?

纯洁的白玉是美玉，纯洁的人是仓央嘉措，希望得到纯洁的情感的是芸芸众生。人们在仓央嘉措的诗歌中看不到贪欲，看到的是仓央嘉措的纯洁的美，仓央嘉措如同白玉一样，也是经过生活曲折的历练而坚固了他的高洁，白玉的生成同样经过砥砺磨练，也就是说玉不琢不成器，人不磨练高贵的品格也难以稳固。

虽然经过几百年的时间沧桑，但仓央嘉措的诗歌却依旧在人们心中掀起了美的波澜，这不能不说明上师的人格魅力是永远不朽的，人们对纯洁的追求也是万世不竭的。无瑕的玉是美玉，也只有仓央嘉措的美丽心灵，才能创造超越时空的作品。

历史上，中国的诗人并不算少，但经过各种磨难能流传下来的并被人们传唱的作品并不多。尽管我们有春秋时期的《诗经》，我们也有唐诗宋词，可是我们还应该记住，我们还有一位诗圣活佛仓央嘉措。他以他美玉一样的心灵歌颂佛陀的伟大，也歌颂了纯洁的爱情。只有伟大的心灵可以与佛同在，也只有纯洁的心灵才能唱出人类的美好。

每个人的心里都应该有一块玉，这块玉会沉入我们的心湖，如同湖神一样镇守着我们的内心。

不过很有意思的是，诗歌多讲究意境，而修炼佛法也会产生很多境界。佛教和诗歌从来就有不解之缘，而且诗歌的大师一般对佛法的参悟也非寻常人能比拟的。北宋的著名诗人苏东坡居士就是一例，而他只是一个在家信佛的居士罢了。

西藏人喜欢白色因为白色最单纯，佛法讲空性，因为空性生万法。美玉尚白色如羊脂，价值因此高于黄金；诗歌讲究意境，佛法讲究境界。在仓央嘉措尊者乃至藏人，佛、诗、玉与空性、意境、无暇结合的是那样紧密，那样的天衣无缝，我们赞叹仓央嘉措是佛、空性、意境、无暇的具体显现，这一点也不过誉。正因为如此，仓央嘉措诗歌才能传颂在祖国的雪域高原和大江南北。

我藏不住喜悦，正如，这一盏盏心灯，点亮我的内心……

四、因缘

隔水相望不胜情，离魂荡荡似摇旌。寄语卿卿莫悲苦，今生姻缘前生定。

——仓央嘉措

一切皆有因缘，如母石的发现以及扎西尼玛与甲木英丹的神奇相遇，都是缘分。万事有缘则成，无缘则散。

关于缘分，有这样一个故事流传在西藏：从前，有一个老头常常在布达拉宫附近转经念经，念得很不准很不规范。一次五世达赖看见他头顶有度母出现，觉得很喜欢。后来五世达赖教老头用标准的正确念法念，度母却从此不见了，于是五世达赖让老头恢复从前的念法，度母就又出现了，这就是因缘所带来的结果。因为因缘不论对还是错，只要有缘事情就会发生，强求不得。

在北京的时候，很多人告诉我汉族藏族不通婚，而来到当地才发现，事实并非如此，我们去过一家叫玛吉阿米的餐厅，老板是藏族，老板娘是汉族。当我们问到为什么将餐厅的名字取名叫玛吉阿米的时候，老板

“磕长头”是藏传佛教信仰者最至诚的礼佛方式之一。磕头朝圣的人在其五体投地的时候，是为“身”敬；同时口中不断念咒，是为“语”敬；心中不断想念着佛，是为“意”敬。

娘回答：这是仓央嘉措的一首诗，意思是怀念自己的母亲，十五的月亮从东方山顶升起，妈妈的脸浮现在我的心里。仓央嘉措十几岁就被送进了布达拉宫，他见不到妈妈，所以就写了这首诗寄托自己的思念。

在内地的人，对藏人的婚姻观爱情观不是太了解，都觉得很神秘。事实上，藏人的婚恋的确有与内地相同的地方，也有不同的地方。比如藏人也讲门当户对，不过一般人对门当户对很淡漠，而作为藏人的贵族则要讲究一些。但是，普遍来说，相爱的人就会在一起，不会考虑太多物质上的问题。在这个问题上大家都很轻松，不像内地人会背上沉重的包袱。藏人的快乐可能也来自与这样开放宽松的社会氛围吧。

尽管如此，并非西藏人不懂得爱情，只不过他们的爱情少有虚伪和造作，心里很少芥蒂，男女都能很轻松的表达自己的情感。内地人却把这种男女很正常的情感赋予了更多的责任感甚至是道德感，因此，在爱情方面受到的压抑和痛苦就比较多，我想，这是大多数内地人共同的感受吧!

藏人对待爱情和婚姻不是像枷锁一样把自己锁起来，在藏人眼里婚姻的主要内容不过是传宗接代而已，而传宗接代其实是人类最平常的事情，可是在一些地方却把这个问题复杂化神秘化，最后弄得大家苦不堪言。藏人看来，一个男人和一个女人互相觉得对方不错，那么他们就可以在一起结婚，那是他们的自由。

不过爱情这东西要靠缘分，没缘分怎么都是难的。这些因缘，有些是今世定的，有些却是前世定的，在拉萨大昭寺有一幅吉祥天女图，画的是一位天女，十分美丽庄严，传说她曾经没有很好地服侍自己的母亲，后来就得了报应，那就是每天都要在外面等待施舍，而且一年只能同自

玛多城边的一座小寺庙，阳光顺着窗子照进来，老喇嘛念经的声音犹如歌声一般……

己的男人见一次面。可见藏人对孝道的重视和因缘的看重。也许仓央嘉措也是因为历来的因缘吧，所以他的情诗占了他诗歌的很大的比重。

不过这也说明了仓央嘉措的诗歌为什么那么受到大众的喜爱，也许发生在民间的爱情故事更多，只是都没能记载下来，再加上藏人的随意和洒脱，流传下来的就更少了。在仓央嘉措那个年代，在寺庙里的人都是有最高文化的人，因此仓央嘉措记录的更显得真实和珍贵了。在汉族的那个时代，敢于大张旗鼓地赞美爱情的诗歌也是不多见的。至于仓央嘉措为什么冒着人言碎语，把这些情感经历记录下来，我们只能猜测，更是仁者见仁智者见智的事了。

所以在普通人眼里，仓央嘉措的诗歌是再也普通不过的情诗，而在修行的人眼中却不尽然。我想或许只有真正懂得活佛的情怀的人才能了解仓央嘉措的深意吧。

在世俗人眼中，仓央嘉措的诗歌的确很美，而且朗朗上口，通俗易懂，流传下来不仅仅是因为爱情，而是他写的诗歌就连没文化的老百姓各个都听得懂。他的诗写的轻松、纯朴、自然。仓央嘉措写诗的目的就是要广泛的传播它们，正如他所愿，他的诗歌被传唱，大家还随着他的歌声而翩翩起舞，仓央嘉措自己其实也是个金刚舞的高手。

在俗人眼中，年轻的仓央嘉措来到寺庙时他已经十五岁了，对于男女之事已经知道，他的家庭据说是信奉红教的，在藏传佛教的密宗里，有很多关于男女因缘乃至哲理的描述。因为男女代表着人类繁衍的基础，而密宗正是阐释人类生命秘密的佛教，所以仓央嘉措知道这些事情并且通过这些事情说明一些深刻的道理就不足为奇了。这关键要看读到这些诗的人自己的心态是如何的，俗人把这些诗当做情诗来看也不为过，因为在俗人眼里，爱情的确是弥足珍贵的，而在伟大的六世佛王眼中，那只不过是人间的游戏罢了。在有可靠来源的仓央嘉措的62首诗歌中，其实写爱情方面的仍然是少数。

不过说到西藏佛教密宗，也确实不为人所了解。事实上西藏密宗和汉地显宗同属释迦牟尼佛的教化，只是地域不同和法门不同而产生了很多的差异，西藏密宗有很多流派，如格鲁派、噶举派、宁玛派等。而宁玛派是允许结婚的，所以藏传佛教与汉地有很大的不同。宗喀巴大师所创立的格鲁派则是需要修学多年的显宗教义，然后才能传授密宗法要。大家知道，显宗也就是以汉地佛教为主要代表，在汉地做僧人修学佛法叫出家，更没有成家一说。

以上都是些宗教的事，作为俗人我们只能略窥一斑不能全面。这里只能是片面的介绍一下，以加深对仓央嘉措诗歌的理解。

说到成家，现在汉藏成亲的也不是什么稀罕的事了。在我们住的那个院子里就有好多对汉藏“和亲”的，老公是成都人，老婆却是西藏人，大家除了语言上有点不同，其他的没什么不同，而且他们生活的也很幸福。

在西藏有这样一位闻名遐迩的女神——度母。她受到广大民众的热烈崇拜，无论僧俗，都虔诚地供奉着她的神像。人们呼唤着她的名号，念诵着她那与六字真言“嗡嘛呢叭咪吽”一样著名的真言“嗡，达列，度达列，度列，梭哈”，观想着她那仁慈美好的形象，虔敬地向她顶礼膜拜。困厄灾患中，人们向她呼救；痛苦忧伤时，人们对她倾诉；幸福欢乐之际，人们又与她共享。善男信女们无不笃信，崇奉这位女神，她就会如同精神上的母亲一般，在人生的旅途中，从摇篮到坟墓，精心呵护着你，为你指点迷津，保驾护航，直至你命终之时将你送往极乐世界。

金刚舞是藏传佛教在大型法会及特殊节庆之时，用歌舞的方式表达佛、菩萨、神变幻化度众生的方式。金刚舞可分为上师舞、本尊舞、空行舞、护法舞。

一、上师舞：如在藏历六月初十、莲师成道日所举行者。寺庙僧众或修行者戴上莲师八变等面具以及戏服，手拿不同的法器，纪念莲花生大士以不同的身相度化不同容器之众生。

二、本尊舞：法师或修行者，扮演报身佛的寂静及忿怒等等形象，随之祈求报身佛降临在他们身上，配合大型法会之修法仪轨，以勇猛舞姿来摧毁、降伏妖魔鬼怪。又以无量的大慈大悲度化妖魔鬼怪、以及受着所知障、烦恼障、业力紧迫的六道一切有情众生。

三、空行舞：在坛城前，以年轻、庄严、声音嘹亮的喇嘛来扮演空行母。他们以歌声、舞蹈及手印、法药，来赞叹十方所有诸佛菩萨的事业及功德，祈求所有在净土的勇父、空行赐予所有修行者所有共与不共的成就。

四、护法舞：喇嘛们扮演阎罗王或天龙八部等等，透过金刚舞不同的变化，表达因果业力真实不虚，以及山川江河都有神灵存在，对于因果业力及大自然都要心存敬畏；同时，也祈愿得到真实护法神的庇佑，祈求国泰民安，佛法广传。

五、心灯

心想这终身伴侣，你若无耻负义，头髻上戴的宝玉，它也不会言语。

——仓央嘉措

如母石犹如尊者留在人间的指路明灯，时时指引着虔诚的人们，走向无量的佛国净土。

据说西藏人是很难嫉妒别人的，因为嫉妒按佛教的说法是一种罪业的显现。让别人感到快乐是藏族最突出的特点，他们不会眼红别人的财富和快乐，藏族人认为你快乐了我也快乐，他们会分享你的快乐。原因很简单，他们觉得自己做了好事，开心得很，他们关注的是自己的心。同时他们还认为引发别人产生嫉妒也是不好的行为，他们善于反省，比如你戴个金玉项链，引起了别人的嫉妒，你自己也是有过错的……

藏人常说这样一个故事：从前有两只老鹰，一只飞得很快，一只较慢。后者非常嫉妒前者。有一次，飞得较慢的那只鹰对猎人说："前面那只飞快的老鹰请你用箭去射死它。" 猎人同意，但提出要拔一根它的

在藏区，小孩6岁左右就可以进寺庙当喇嘛。最初都要做些如点灯、换圣水、打扫卫生之类的活计。燃灯师，每天早课之后，都要负责将佛堂里的酥油灯点亮……

羽毛去射。“好！”嫉妒的老鹰欣然答应。可是第一次并未射中，于是拔了第二根毛，然而还是没射中。就这样，一根根拔下去，一枝枝射出去，直到它自己都飞不起来了，猎人大笑着用没毛的老鹰去美餐了一顿。

嫉妒不但会伤害别人，更会伤害自己。因为不是人人都能平等地待人，人容易产生差别相，太关注自己和别人的差别，所以他们很难快乐。汉地俗话说：人比人气死人。但是对于生育养育人类的大自然来说，大自然则是平等的，对谁都一样。西藏，很多人都不敢去那里，因为那里是高原，担心氧气不足，于是内地人对西藏总有一种神秘感。事实上，很多汉人在藏地安了家，也许正是地理上的差异，使人性更加有所不同。

有些汉人来到了西藏就爱上了西藏。有时候，我问在西藏的汉人你们为什么会留在西藏，他们笑吟吟地说：他们也说不清楚，反正就是很喜欢。他们觉得西藏跟内地就是不一样，虽然大家都很重视人，认为人是最重要的，但是在西藏更强调身心合一。也许这就是西藏与内地的差别吧，他们觉得内地人所表现出来的与他们内心所想的往往不一样，藏人则不同，他们比较和谐。如同如母石一样，内地人像一块没有去皮的石料，而藏族人则是一块磨去外皮的美玉。

仓央嘉措在25岁遁世以前，他就是如此用坦诚的言行展现在世人面前。西藏人民都很爱戴他，因为他是一个直言不讳的佛王，他常常直抒胸臆，提出自己对佛教和政治的见解。因此也引起了一些当时的权势阶层嫉恨，这对于他后来的遁世游方起到了很重要的作用。飞得好的老鹰总要受到麻雀的嫉妒，玉石只有琢磨才能显露它的光辉。

心与身的和谐，身与心的和谐，还体现在藏人日常生活的方方面面。比如去人家家里去做客，主人请吃饭，内地人会说不饿不饿，事实上他已经很饿了，但是不能说。类似的事情很多，时间长了如果是藏人他就会受不了，精神和身体都会出问题。他们说人的身体和心常常不一致就会生病，就像一些人精神分裂一样，心与身产生了分离。

在布达拉宫，我们发现西藏老百姓在转经的时候，他们的表情都十分统一，没有内地千差万别的众生相。从他们的表情中，我们都体会到了一颗虔诚的心，他们在佛光的照耀下，内心显得很和谐。不但如此，他们与大自然中的山川河流乃至草木石头都是和谐的，这种和谐能产生一种力量，这也是佛给我们的一种力量。

藏传佛教中有这样一个故事：有一次，释迦牟尼佛在说法的时候，有很多人来听经，其中有一个老太婆是个乞丐，没人约请她，她也要去听经。听经有一个要求，那就是必须点一盏酥油灯，然后她就去买酥油灯。卖酥油灯的老板说，那你拿钱吧，老太婆摸索了很久，把自己身上所有的钱都拿出来了，数一数发现只够半盏酥油灯的钱，于是她就买了半盏酥油去听经。她来到佛传法的地方，已经来了很多人，有很多的酥油灯。这时，由于释迦牟尼佛的表弟来捣乱，于是大家也开始慌乱起来，乱作一团。但是，释迦牟尼佛没有动，只是还在讲经。场面越来越乱，大家都在议论纷纷，可是老太婆没有乱，一直在听经。过了一会儿，所有人的灯都熄灭了，唯有老太婆的灯没有灭，大家都发现老太婆的酥油灯没有灭，这时人们纷纷学老太婆，专心坐下听经，于是所有的酥油灯都亮了起来。

人的身心常常是矛盾的，修行佛法要安心，净心，心要坚定，不要被外界的纷乱所影响，如此身体才会安详，幸福就会降临。老太婆的酥油灯才半盏，可是她的灯光比那些混乱的人燃烧的更长久。因为那些人虽然很有财富，但是他们的心是散乱的，心和身是分裂的，他们的灯就会意外的熄灭。他们的心如同草原上的草随风摇摆，他们的心灯也自然不会长久。

朝圣途中遇见挂经幡的男子，宏丽的西藏，如诗如画；
一个信仰、一本经书，足以让这个民族纯粹而伟大……

六、雕琢

珍宝在自己手里，并不觉得希奇，一旦归了人家，却又满腔是气。

——仓央嘉措

玉不琢不成器，仓央嘉措尊者历经磨难，最终成就了他的弘法大业，并通过脂玉奇缘和诗歌，使他被大江南北传唱，就更不用说在藏传佛教的圣地西藏了。

藏人几乎都笃信佛教，他们对于信仰非常的执着。我虽然也信仰佛，但是如果要我拿出所有的钱去买半盏酥油灯，恐怕我还是有点舍不得，更不用说受到侮辱和陷害了。老太婆乞丐的信仰使她拥有了和谐的身心。信在佛教中很重要，释迦牟尼佛的经书并不难懂，难的是你不信。人们都信美好的感情，所以仓央嘉措用情诗来打动我们，进而引导我们产生对佛的信仰，这难道不是一种善一种慈悲吗？

藏人认为人生是不容易的，得到一个人身更不容易，所以藏族人非常珍惜人生，从不把生命当儿戏。他们从不绝望，因为他们相信轮回，

也就是说任何的错误都有改正的机会，任何不幸都有过去的时候，任何屈辱都有因果的报应。当他们受到委屈时，他们也会抗争，只要他们的心是站在正义的一方，他们就内心无愧了。比如两个人打架，他们觉得谁对就会替谁说话，他们觉得能替正义说话是做了一件天大的好事，他们不但不觉得屈辱，相反他们还觉得做了一件天大的好事咧！仓央嘉措尊者做到了，他用事实证实了他的慈悲。

仓央嘉措的心与身是一致的，没有分开。尽管佛王关注的是整体的众生，而作为个人这的确是我们俗人所应效仿的。我们为什么比较痛苦，因为我们的身心没有和谐，我们上班赚钱目的到底是什么我们也不知道或者目的不正确。当我们受到侮辱陷害的时候，我们就精神分裂了，因为我们做的和我们的心不一致，有信仰的人一直是坚定的，而我们会觉得做了好事却没有好报，试想跟仓央嘉措尊者比起来，我们的委屈算得了什么？这位佛王所受的委屈比我们受得大，折磨更要深！因为他心里只有拯救众生，所以任何的艰难困苦都无所畏惧了。

为什么我们总觉得做好事没得好报？那就是我们还有得到回报的心，一旦回报不够，我们就心里不平，心生烦恼。但是，如果我们做好事不求回报，名也不求，利也不求，把我们的善行看做一种义务，那么我们就不会为做好事得不到好报而烦恼了。我们只去做我们觉得应该做的，做完了就放下，不会思前想后，那么我们就会比较快乐了。

这好比一个老师带一个班级，老师当然是希望每一个学生都好，每一个学生都成为社会的栋梁，而且老师也是这么去做的。可是，由于因缘业力不同，人的造化也不一样，这几十名学生不见得如老师的所愿，甚至与老师的愿望相反，那么这叫不叫没有好报？事实上，这不是老师的责任，老师是尽了责任的，也就是说老师从心里到行动都是统一的，为了教好学生，也做了行动上的努力，至于结果就不用太在意，因为那不是老师的问题。当然，如果老师你懈怠，口说心不行，身也做不到，那就应该自我惭愧了。仓央嘉措尊者就是这样一个老师。

但是，总有人是执迷不悟的，内地有一个老板很有钱，但家庭很不幸福就离了婚。现在他又有一个女友，一个年轻的女孩，女孩对他很好，他也很爱她。但是他内心很矛盾，甚至每次打电话都很矛盾，他怕人家对他说长道短，说他移情别恋。又怕人家女孩对他不是真心，表面爱他其实只是图谋他的财产，结果好事没好报，好事也成了他的烦心事。

藏人就不大去想结果，所以他们容易快乐，两个人相互喜欢他们就在一起，不会考虑其他乱七八糟的事情。如果人一生都去思考这些，而不把握当下的快乐，人这一辈子也不会快乐。佛教给我们的智慧是，把握了当下就把握了未来。社会上很多事情搞得很复杂，其实到了究竟处，都很简单，是人为的复杂了，也是我们自己过于患得患失。比如我们到了一个牧民家里，就应该想吃就吃想喝就喝，只是下次再去不要忘了人家才好。

藏人是单纯的如同孩子一般。其实，人的童年都很快乐，因为孩子们总是很单纯，一旦懂得多了就没有快乐了。只有有了信仰我们才能回到过去的单纯，藏人单纯不是他们永葆童真而是对佛的信仰使他们永远安详。

第四章 心灵的朝圣

执身如玉篇

软玉以质地细腻、致密、纯净为上品，汉以前重视质地美，孔子提出的玉德美多数是对玉的质地特征进行拟人化的思维结果。古称：“美玉无瑕，白璧无瑕”表明玉是质地细腻，纯净，无暇之美。

玉质地坚硬缜密，细致而滋润，细粒致密岩石经磨蚀后表面显滑润，故称，“坚缜细腻”之美。有的表面为矿物的断口显强油脂光泽，再加上磨蚀成光滑曲面，故呈“温润以泽”之美。

玉的质地细腻、坚硬缜密、滋润、亮丽照人，能给人一种温润与凝重感与美的享受。

夜里去会情人，早晨落了雪花。脚印留在雪上了，保密又有何用？

一、觉有情

去年种的青苗，今年已成秸束，少年忽然衰老，身比南弓还弯。

——仓央嘉措

仓央嘉措在藏人和阿拉善人民的心中如同大慈大悲的菩萨一般。菩萨又叫觉有情，觉有情是菩萨的中文意译，菩萨是巴利文音译“菩提萨埵（拼音：duǒ）”的简称，“菩提”汉译是“觉悟”，“萨埵”汉译是“众生”或“有情”（一切有感情的众生），全译是“觉有情”，它包括自觉和觉他两层意思，就是说，菩萨既是已经“觉悟的众生”，又是以觉悟他人为己任的有情。除了一般菩萨外，还有像观音、地藏、文殊、普贤一类的大菩萨。

菩萨在古印度佛教中为男子形象，流传到中国后，随着菩萨信仰的深入人心及其对世人而言所具有的深切的人情味，便逐渐转为温柔慈祥的女性形象。佛教雕塑中，菩萨多以古代印度和中国的贵族的服饰装扮，显得格外华丽而优雅。

仓央嘉措尊者是当之无愧的活佛，同时他也是有情的众生。在仓央嘉措住在布达拉宫的时候，他已经十几岁了，没有权力也没有势力，他想帮助众生，可是当时的社会政治多事，他要改造世界，又不能违背因缘，所以，他用诗歌表达他的希望和情感，他要度化众生，可是又受到当时时局的限制，尽管如此他还是尽其所能为众生开示和发声。

仓央嘉措尊者是一个活佛，并不高高在上，他说话直来直去，平易近人，在他的身上体现了更多的人性。老百姓有什么困难他都愿意帮助老百姓表白，对当时政府的一些不好的做法，他也能提出批评。因此，仓央嘉措在西藏的名望非常高，藏族人都很尊敬他并且信仰他。在内地，对观世音菩萨的信仰是很普遍的，在藏地，藏族群众把达赖喇嘛当做观世音一样崇拜，在藏族人心中如佛一般。

近年来，随着仓央情歌的传唱，在内地掀起了一股仓央嘉措热，所谓情歌只是人们对仓央嘉措的一个切入点，通过这个点，人们想了解仓央嘉措更多的身世，当然也包括了解西藏，了解藏传佛教，这些因素使人们产生了无限的遐想。

我们也是由仓央嘉措情诗的引领，通过对他身世的慢慢的了解，逐渐对仓央嘉措有了一个认识，尊者的形象在我们的心中逐渐地鲜活起来。通过了解他的诗歌，逐渐了解西藏的文学、文化；去了解藏人，了解他们的生活和价值观。

藏人对幸福、对痛苦的理解和感知，使我们深受启发。我们知道原来还有这样一个智慧快乐的民族，他们就生活在祖国的大家庭中，他们就生活在祖国的雪域高原之上。过去我们对西藏的了解是抽象的或概念化的，我们只知道有农奴和奴隶主、皮鞭和脚镣，这些恐怖的事物更增

我还是摇着转经筒，转山，
转水，转湖，转塔，转经
那一瞬，那一刻，那一天，
那一月，那一年，那一世
转不出轮回，转不尽铅华……

加了西藏的神秘，我们不知道西藏现在怎么样。我们要感谢仓央嘉措，是他，是他的情歌和道歌，把我们带进了藏人的心灵。

我们知道了西藏有情歌、有舞蹈、有蓝天、有白云、有白皑皑的雪山、有香烟缭绕的寺庙、有快乐的人民有精进修行的喇嘛。现在西藏的旅游也越来越热络了，北京到拉萨的天路已经建成，那真是一条神奇的天路，通向天边的神奇，天路把我们的肉体送上高原，仓央嘉措的美丽诗歌把我们的心带进了天堂。

有人说，仓央嘉措的诗歌本来没有那么多，真正的就几十首，有一位叫于道泉的先生把他的诗歌介绍给内地，早期进藏的学者也从西藏搜集了大量的仓央嘉措的诗歌，其中有很多是附会着佛王的名字写的，其实我们何必那么较真，只要是美好的情感，我们就都容纳下它们吧，就像仓央嘉措的心不仅容下了雪域高原的人民，也包括了他的足迹遍布的许多地方，他的路很长很长，看不到尽头，有印度、尼泊尔这些他方的国度，也有青海、内蒙、阿拉善都留下了他博大的慈悲。人们为什么那么喜爱仓央嘉措，因为他的慈悲穿越了时空，百姓的美好情感借助仓央嘉措的神明而飞翔到祖国各地，乃至五湖四海。

仓央嘉措实际上是西藏文化的一个符号或标志，他是佛王，政教合一的最高领袖，同时他又有那么多美丽奇异的情感历程。他受到神一样的膜拜，他是活佛，但是他又有八廓街的黄房子，与情人幽会的场所。人们觉得他神圣是因为他的修行，人们对他尊敬是因为他的人格，人们对他喜爱是因为他有凡人一样的情感。这些元素深深吸引着我们，吸引着广大的众生。而实际上，在我越来越了解这位佛王的身世和西藏之后，很多的疑问都找到了答案，很多神秘的色彩消失了，但是这并没有抹煞

玛吉阿米的黄房子，承载了多少人童话般的梦。千里万里的追寻，
只想望一眼你的尊貌……

我对仓央嘉措佛王的爱戴，相反我越来越崇敬这位神一般的人。所以，要了解仓央嘉措，你必须了解西藏、了解藏人、了解西藏文化，它会给我们展现出一个我们人生从未体验过的经验。

觉悟是什么？觉者又是什么？我们信仰佛，佛给我们指出了得大自在的路，而仓央嘉措佛王则把一个觉有情的菩萨的大行大愿，给我们展示得淋漓尽致。俗人看仓央嘉措，他就是个有情人，觉者看仓央嘉措就是个菩萨行尽六度万行。佛经中有这样一种说法，那就是菩萨救度众生，应现何种身度化，就现何种身度化之，这与仓央嘉措的行径又是多么的相似。

拉萨八廓街头，每天上午，来自四面八方的朝圣者在大昭寺门前燃桑香，转经，虔诚的令人感动……

二、白玛卓嘎

为了守候和供奉，为了不枉我的修行，为了六世达赖仓央嘉措对她母亲的怀念和情义。我的孩子，白玛卓嘎，请你一定跟上我的脚步。

自从发现了白石，扎西尼玛重走仓央嘉措之路便多了一项任务——寻找如母石。从 2006 年开始，他几乎每年要走三次拉萨到阿拉善的仓央之路。其余的时间，也大都在阿拉善地区停留。虽然依然身为公务员，但扎西尼玛几乎放弃了工作，把所有的时间用来研究玉石、研读佛经、了解西藏历史。

也许是仓央嘉措尊者的神力加持，脂玉不止是让扎西尼玛着迷，也使很多有缘人着迷。这期间，他结识了另一位有缘的人，她叫白玛卓嘎。

白玛卓嘎，一位普通的汉族青年女子，却因信奉藏传佛教，改用藏族名字白玛卓嘎。她同样是甲木英丹大师的信徒，却在日后才结识扎西尼玛，她也曾听说过如母石的传说，却感慨惊叹于扎西尼玛的坚韧寻石大昭寺建造时曾以山羊驮土，因而最初的佛殿曾被命名为"羊土神变寺"。1409年，格鲁教派创始人宗喀巴大师为歌颂释迦牟尼的功德，召集藏传佛教各派僧众，在寺院举行了传昭大法会，后寺院改名为大昭寺。这是朝圣的目的地。

之路。从此，她也坚定了重走上师遁世之路的信心，和扎西尼玛一起踏上了寻石之路。

白玛卓嘎说过“甲木英丹是我的上师，我依然记得甲木英丹大师和我讲过的话。”

一次上师对白玛卓嘎开示道：“孩子，那是我们的母亲，我们的精神由她哺育。孩子，这里的每一粒沙，每一株草都是他的见证。孩子，我的一生都在这里。为了守候和供奉；为了不枉我的修行；为了六世达赖仓央嘉措对她母亲的怀念和情义。我的孩子，白玛卓嘎，请你一定跟上我的脚步。”

现在，白玛卓嘎不仅实现了上师的嘱咐，并且找到了同行的人扎西尼玛。他们一路走来，凭借对仓央嘉措尊者的信仰，以及对甲木英丹大师的崇敬，他们总能发现新的白石，获得新的感悟。不行走的日子，白玛卓嘎就和扎西尼玛一样，守候在阿拉善，守候在仓央嘉措和甲木英丹大师灵塔旁。她曾写下下面的诗句，感人至深。

在南寺荒凉的土地上，
我的上师添了一捧土，
在仓央嘉措灵塔的遗址上，
建起新的宇宙。
上师用身躯护卫下来的舍利，宁静的摆放在这里，
跪拜，祈求，
六道众生得幸福，世界万国享和平。
上师抚摸我的头，
正午的阳光直射着我们，

孩子，你抬起头，

你是否看到莲花上的神迹？

我看到了，甲木英丹·普勒尼玛大师，

南寺正殿后的莲花山上，

宗喀巴大师的影像，

直印我的心底。

白玛卓嘎对上师甲木英丹的爱和尊敬是无比虔诚的，正因为这份虔诚，她才能够不畏艰苦，感受那一路苦修的收获，感受到尊师遗嘱的幸福。

因为有了白玛卓嘎等人的加入，扎西尼玛的苦修之旅不再孤独了。他坚持每年都去重走那一路，七月、八月和九月。只要路途没有结冰，大雪没有封山，他都要在那路上行走。

那路途，遥远而艰苦，虽然已经走了无数次，但几乎每走一次，依然要经历一次生死较量，依然有精神与肉体的双重折磨。孤单、恐惧、徘徊、力不从心，这一切，扎西尼玛已经再熟悉不过了。

“我拜别我的母亲，走上了远行的路。为了一个承诺；为了一个寄托；为了寻找梦中的如母石——仓央脂玉；为了这个承载母爱的传说；为了一个或许今生都无法完成的寻找。”

扎西尼玛至今依然记得刚刚开始行走仓央之路时的心情。那时的期待、担忧、紧张、兴奋的感觉历历在目。如果说那时他是这一路行走间的看客，现在他的生命几乎与这一路相连。仿佛他就是为行走这一路而生，就是为着寻找白石的足迹而活。所以，一路上的苦痛就是与生俱来的，就是你生命中应当承受的，就是伴随着白石而来的。这么想，任何的艰难困苦，便也不觉得有什么妨碍了。

“有时，你突然希望这仓央之路，最好永远没有尽头。因为在这路上你什么都不必想，你知道你是谁，你要寻找的东西是什么，而他也常常能够给你惊喜。在路上，我常常觉得自己就是一个诗人。”扎西尼玛是学习地理出身的，也许大山常常是沉默的，所以他平日里言语不多，然而在这朝圣修行的一路上却处处给他灵感，让他忍不住的吟出几句诗来，而给他最多灵感的，就是这一路上灵秀不断的山川庙宇和莲花般的白石。

三、西藏热

写出的小小黑字，水一冲就没了，描绘的内心图画，咋擦也不会擦掉。

——仓央嘉措

仓央嘉措尊者神奇的弘法道路起点就是西藏的拉萨，由于天路难行，西藏对于内地人充满着传奇的色彩。近年来，内地悄然掀起了一股西藏热，仓央嘉措的诗歌不绝于耳，在今天的社会背景下，为什么突然出现了关于西藏的爱好者，其实这有很深的社会背景，按照佛教的说法或者叫因缘，因缘是多种原因聚集而形成的，不是单一的。

首先，西藏地处边远，地理环境特殊，虽然西藏文化历经劫难，但是相对保存的比较完整。西藏文化保持了原始生态．西藏文化之所以能保持的比较好，这与它地处雪域高原有关系，也与西藏的人民的民风有关系。

我国文化历经劫难，在历次劫难中，都会破坏大量的文化，在各方面的损坏中，文化受损是最大的。有些地方对于民俗文化简直是连根拔

处处如诗，步步入画，朝圣的途中一切都是那么安详……

起。西藏的文化虽然也屡遭破坏，但是保存还是相对完好的，毕竟西藏没有成为风暴的中心。在西藏的民俗，建筑保存的都比较完整。我们常常会看到，文化保存的越完整的地方，人们对它的向往越强烈，对人越有吸引力，谁能想象几百年前的情歌成了现代的流行音乐呢！

当前的中国是我国历史上少有的高速发展时期，社会有了很大程度的现代化，可是在现代化的过程中，文化，特别是古老的文化却受到了不同程度的破坏，古老的民居被拆除了，大量的历史文化建筑被损坏，民俗不在了，民风也改变了。大家开始的时候都不觉得怎么样，到后来我们发现保护好的地方那么吸引我们的时候，我们才发现要保存祖先留下的瑰宝，可是已经晚了，再努力恢复，也已经变成了四不像，这些人是忘了本，也丢掉了文化。

藏人是不容易忘本的，对于曾经恩惠于他们的事物都有很强的留恋。内地人喜欢狗，那是把它们当做宠物来喂养，而藏族人对狗的好，却是出于尊敬。青稞是西藏主要的农作物之一，据说青稞的种子就是狗带来的，这个故事流传在林芝地区，在林芝过年的时候，百姓一定先给狗过年，把过年吃的各种各样的东西先盛满一个大盘子给狗吃。在过去，喇嘛庙里也喂狗，去朝佛的人先拿糌粑把狗喂好，然后再进庙里去拜佛。可见狗在藏族人心中的地位，在藏人的牧业乃至保卫家园都离不开狗。在藏人眼里一个没有狗的城市是没有人情味的。

关于人和动物，藏人的思维和内地不同。藏人认为人和动物都差不多，都需要吃住，与动物相比，人已经是很不错的了，所以，做人要满足。藏人就是在这样的平等的观念基础上，达到人与人之间的关系的平等，比如对父母孝敬，与亲戚朋友的信赖，他们就是通过人与人、人与动物、

在八廓街上，每天都有磕长头的朝圣的人……

人与大自然的和谐关系，寻找幸福的感觉。

这似乎在人类中是个规律，凡是自然环境比较艰苦的地方，人与人之间的共生的关系越紧密。而高楼大厦中，邻居居住多年而不相识的情况比比皆是。一次我们的车子在城市不远的地方陷进了泥潭，我请求别人帮助，人家首先谈的是价钱，谈好了才帮助推车。而在边远的地区，人们都是主动地上来帮忙，没有讨价还价的事。

由于内地经济的高速发展，人们忙于追名逐利，冷静下来，发现其实自己异常空虚，自己的心灵无处皈依，信仰危机使他们需要从藏传佛教寻找真理的归宿。我们来到一个藏民家吃饭，席间大家说到了现代人的末日心态，大家都拼命地赚钱然后拼命享受，都十分利己自私。那家主人笑了笑，说了一段很让我们很新鲜的话："现在大城市人不多了，很多是鬼，西藏的大城市一半是人一半是鬼，我们这个地方才全部是人。但早晚变成鬼。"说着大家都笑了起来，他又说："世界末日是不容易来到的，末日的时候人会变得非常矮小，然后佛先来到世界上度化众生。再说人死了不是结束，是新轮回的开始，人做事不能不考虑后世，难道就不怕因果报应吗？"有人插话："现代人消耗的能源，是过去人五十倍，大自然还没有休养生息过来，就又被采伐了，要说末日也是人自作自受的。"说的也是，难道这就是人的轮回！大家陷入了思索之中……

可以说藏人信佛，就是因为轮回。所以，藏人生活的很多方面都讲究轮回的观念，他们认为时间是轮回的，一天、两天、一月到十二月，然后又从新来过，很多佛教的形式也是旋转的，从转经筒，到绕佛拜佛。

轮回只是一个表象、一个形式，而实质是因果的相续。所以，藏人说，要想知道你的前世，就看看你现在的报应，要想知道你未来的命运，

命由己造，相由心生，世间万物皆是化相，心不动，万物皆不动，心不变，万物皆不变。

就看看你现在的罪业。比如说你现在很幸福，有吃有穿没负担，说明这是你前世造的福，你下辈子想过得怎么样，就要看你这辈子的积德行善做得怎么样，弄不好连人也做不成，还要下地狱受苦。

在西藏佛教的影响是十分深远的，有的时候，人与人之间发生了矛盾，以至于到法院都不能解决的事情，活佛就会去开导他们化解纠纷，很多事情，喇嘛一说话，矛盾也就解决了。

在宗教对世俗的影响中，藏传佛教可能是世界上作用最突出的，他们的修身养性也是很突出的，不管他们为你做了什么，只要他高兴，你也高兴，就万事大吉，他们不会斤斤计较利害得失。所以，藏族是个快乐的民族，以至于很多人都愿意亲近了解他们，去感受他们。西藏人民纯朴的民风，追求灵魂的清净，虽然地处雪域高原，却使很多内地的人感到一股新鲜的空气，浸润着我们的心胸，藏人追求的是精神的快乐。

在各地通往拉萨的大道上，人们不时地见到信徒们从遥远的故乡开始，手戴护具，膝着护膝，前身挂一毛皮衣物，尘灰覆面，沿着道路，不惧千难万苦，三步一磕，直至拉萨朝佛。磕长头的信徒绝不会用偷懒的办法来减轻劳累，遇有交错车辆或因故暂停磕头，则划线或积石为志，就这样不折不扣，矢志不渝，靠坚强的信念，步步趋向圣城拉萨。

四、金钱与财富

美丽的小杜鹃，落在香柏树梢，不必多讲什么，说一句好听的话就好。

——仓央嘉措

慈悲和爱是仓央嘉措尊者一生的主旋律，也显示了藏人普遍的性格。藏人对金钱财富不是很看重，他们看重的是人与人之间的关系，这种关系不是内地人说的关系学，而是人与人心灵的交流。佛经上说：凡所有相皆是虚妄。金钱和财富也是有相的事物，也就是说金钱和财富是虚妄的。既然是虚妄的，在藏人看来，赚钱差不多就行了，不必要贪得无厌。

世俗人都是向往富裕的，但是不都是这样，有些英雄好汉就不是这样，他们蔑视财富，他们甚至还会劫富济贫，这让我们想起了中原梁山泊上的好汉，其实这样的好汉哪里都有，比如墨西哥的侠盗佐罗。在西藏也有这么一位侠盗，他白天把牧主的羊抢过来，晚上送给贫穷的百姓，他来无影，去无踪，他没有帐篷，住的是山洞，但藏民都尊敬他，还专门为他写了一首歌，这个歌名就叫“强盗歌”。

人的身份往往与他实际的行止并不统一，仓央嘉措也曾经从六世佛王沦落到一个乞丐，贫困潦倒疾病缠身，但是，他弘法利生的事业从未间断，他佛法修行日益精进，他在藏民中崇高的威望也没有消失，因为他心系百姓，百姓也信奉他如佛一般。

话说回来，我们还是谈谈藏人如何看待金钱财富，有一个研究藏文化的学者跟我们讲了这么一个故事……他有一个学生，也是藏族人，她去打工，是给人家卖服装，她当然知道服装的进价，每当牧区来的牧民询问她价钱时她告诉别人是 80 元，然后又偷偷和牧民说，你别买，这个衣服进价是20,结果可想而知,她经常被老板辞退,但是她不但不难过，反而很高兴这么干，而且一如既往的做下去。

藏族人经商有一个偶像，那就是罗杰桑布。他是一个大商人，但是他人特别善良，到现在很多藏民歌里还在传唱，他赚了钱为百姓做了很多好事。老百姓歌颂他不是歌颂他有钱，歌颂他是因为他的善良。

“侠女”虽然不常见，但是善良的人是时有耳闻，其实西藏人并不是完全不看重财富，他们知道财富的力量。但是，他们有了金钱往往会先捐给寺庙一些，因为那是他们的精神家园，到了一定的年纪他们会放下，放下一切金钱财富，因为他们要走入最后的皈依处。而内地许多人到死也不放下，最后还是不得不放，这就是缺少智慧的表现。

藏人有时想得很远，以至于他们会想到来生，而对于财富他们不会想得很远，所以他们很少吝啬，他们只想到今天或明天，他们不会为了未来的财富，牺牲现在的快乐，他们真的很智慧。其实，人如果把握了现在就是把握了未来。

藏人之间也会有所差距，有些人富一些，有些人穷一些，但是在家

布达拉宫，雪山脚下，雪的村庄，
不为征服，只为敬仰……

两口子一般不会为这个吵架，说你看谁谁有钱啦，你没本事啦，云云。一位藏人这样说：“我老婆也会比较，但是她比较的不是金钱，她比较的是谁更快乐，她觉得快乐不是用金钱买来的。我每个月都把钱花光，请朋友吃饭，我心想存那么多钱干什么？没意思，一点也没意思，我们藏人追求的是把快乐带给别人，不像有些人只把快乐带给自己……”其实他老婆是个贵族小姐，嫁给他时娘家家里连一根筷子也没给她留下，但是她真的很快乐。

藏人有施舍的习惯，一家有钱了就会给亲戚买很多衣服，这是藏民族的布施文化，他们把布施也看成一种快乐。有些地方，就是富裕也要学会乞讨，在佛教中依靠在家居士的供养是佛法的修行之一。表面看是供养，本质上是为众生积累了福德，所以，内地有管出家僧人叫福田僧的。在西藏是这样的，如果我们身无分文，在不认识的藏民家里可以吃、可以住，没问题，在内地就很困难了。在藏人眼里，布施你可以增加自己的好运，这与佛教的种福田观念不无关系。

我问一位藏民，在藏人眼里什么是第一位的。开始他为我这个问题眼睛里露出疑惑的神情，于是我就给他解释道：比如我们内地人认为财富第一位，官职第二位，房子第三位。他毫不犹豫地对我说：我们是爱情第一位，藏族时常会有贵族娶乞丐的事情，我们是很重感情的，钱没有那么重要，死后也带不走，你还要为它付出很多。我们在有生之年都要去一次天葬台，当你看见那些被肢解的尸体的时候你会明白生命的意义。藏人有句话：“乞丐有一袋糌粑饱兮兮，国王有一座金山饿兮兮。”

贫穷和富裕都有一定的原因，在西藏历史上曾经有一位国王，他把王国的财富平均过三次，也就是说平均下来大家拥有的财富是一样的，可是每次国王都发现，过了一段时间以后，又有些人穷了，有些人富了。藏人认为上辈子造的孽这辈子都要承受，贫穷不可怕，死亡不可怕，只要我们内心快乐光明这才是人生的意义所在。

五、还俗的喇嘛

默想的喇嘛面孔，很难来到心上，不想的情人容颜，心中却明明亮亮。

——仓央嘉措

慈悲是仓央嘉措的所行，行善是仓央嘉措的情怀。

一位曾做过9年喇嘛的师父说："喇嘛如法修行，首先要抛弃社会上的一切包括家庭，从自身来讲就是要抛弃一切杂念。我很小的时候，就入法了，入法时需要有一个喇嘛做担保人，担保人负责给他找经师，经师开始教写文字和背诵经文。早晨我们六点起床，我们要集中在经堂，念经的时候吃点糌粑喝点茶就算是早饭了，然后上午在经师家学习，中午则在担保人家里吃饭……"。

他叫强久，他曾经在哲蚌寺出家9年，当我们问他为什么还俗时，他笑着说："我是1959年被解放的。"他创办了拉萨彩泉福利学校，学校有148名学生，多数是孤儿，最小的才一岁两个月。学校负责从学前班到小学6年级的课程，6年纪以后学校就把他们送出去读中学，费从无实到现在我们所处的轮回里，我们有过无数次的神通，无数次的禅定，但是我们还是在这个轮回中。这说明我们所有的神通等等，这些外界的事物是无法对抗我们的心魔。而从无实到现在，这些修行人的唯一的敌人就是自身烦恼，就是自身心魔。从开始做一个修行者起，我们永远的目标就是对抗自身的烦恼。

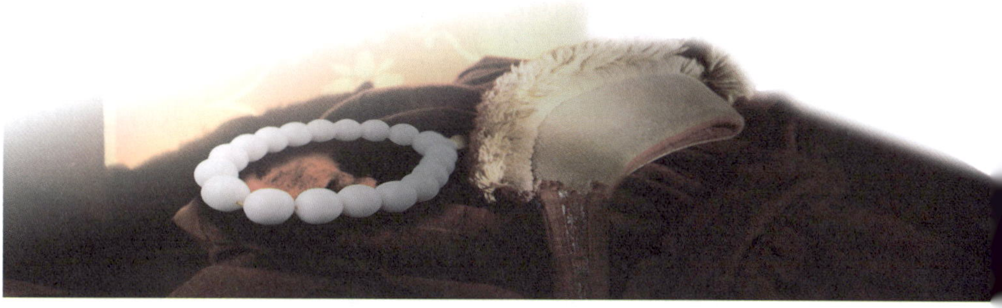

用仍然由福利学校出。

制作民族手工产品是学校的经济来源，产品卖了利润30%的费用给学校，学校还可以获得一些社会上的捐助，虽然拉萨附近的私人办的孤儿院比较多，但是国家承认的只有彩泉福利学校，2005年获得了中华慈善奖。

收养这么多孤儿当然是不容易的一件事，他说："1993年，那时拉萨还没有孤儿院，当时我想就收养几个小孩儿，把我做鞋的手工艺技术传授给他们，于是我就让孩子们半天学手工，半天学文化，当时我经济不富裕，交通也不方便，拉萨到农村的距离很远，我还想把农村的小孩儿接来，学手艺，长见识，然后再把他们送回去。开始有35个孩子，房屋也很简陋，后来他们一部分留在拉萨，一部分还回到当地，现在工厂里的第一批工人就是留下来的那一批。当时办这个孤儿学校，社会上很支持，有人建议要办就办个大一点的，于是就有了现在的规模。"

强久轻描淡写地叙述着，我想，一个做过喇嘛又有手艺的人做这样的慈善事业是再合适不过的了。现在，从学校出去的有3个人大学毕业，4个人大学在读，还有几个马上就要上大学了，以后福利学校的孤儿上大学年年都会有的，这是很自然的事。强久曾打算，只要这里有一个上大学的，他就可以心满意足的退休了。可是，一下有这么多上大学的，他也一直没有退休。

他做过喇嘛，而且是9年，按理说时间不算短，当我们问他当喇嘛到底学到了什么？他说："我学的最重要的就是因果，知道我是轮回做的人，人应该做对人有益的事情，也就是多做好事，是佛祖给我指引了这样的道路，我不想当官，也不想要多少钱，就是想做一点对人们有好塔尔寺，第二佛陀宗喀巴大师的本寺……

处的事情，做好事是有好报的，不光是人，六道众生你都要对他们好，虽然人在六道中是第一位，人很聪明，但是人会做坏事，比如人类造了原子弹这有什么好处呢？无论如何这些东西对人类没一点好处，还有极大地害处，为什么要做？所以佛教要拯救的是人心，人心坏了什么都坏了。”

是啊，道理很简单，明白其中的因果很重要，知道恶有恶报就不敢做坏事了。所以，强久要办学校，目的也是教化人心，那些孤儿没有人教养，于是他则率先接过教育的责任。虽然他自己从来没上过学，但是他把握了教育的核心，教育不仅仅是教知识，更重要的是教会学生如何做人，做一个好人。这是强久在寺庙里学到的最重要的，那就是做人。

后来，强久慈善做得越来越大，买卖做得也越来越大，在藏传佛教中是允许喇嘛做买卖的，但是有严格的要求，那就是要讲诚信，不能骗人，要求自己做一个东西卖给别人，不准投机倒把。强久若有所思地说：“如果我不在这里工作了，我还会去做一个喇嘛。”我半开玩笑地说：“您妻子不反对吗？”“我的妻子很支持，她很满足，因为我出家这是我们全家的功德。”

强久说：“很多人退休了都出去旅游，去玩，去跳舞，我不会去，我不能去那些地方，去了我会得病的，那个舞场，群魔乱舞，充满了嫉妒。汉族人也说种瓜得瓜种豆得豆，那个场子可以刺激欲望，种下的是罪恶，花了钱还种下罪恶值得不？”

“难道喇嘛就没有娱乐吗？”

“有啊，喇嘛有运动比赛，跳远什么的，还倒着打圆石头，我们每年都要比赛一次，在雪顿节我们哲蚌寺还有藏戏，哲蚌寺的喇嘛都放假与百姓一起看戏，有很多朝佛的，那不算旅游，那是虔诚，观光是为了风景，我们不是。人的欲望如果太强，下辈子是很难转成人的。”

我说：“我现在就想退休。”

“为什么？”

“压力啊，烦啊！”

“那就是你的不是了，”强久说：“我们是人，既然是人就要学会忍受痛苦。只要对人有好处的事情，就要坚持做。”

“要是没有好处的事情呢？”

“那就坚决不做，那你可以退休。”强久大笑起来。

是啊，谁不想做自己想做，愿意做，对人有好处的事情呢？事实上，人有时真的身不由己，自己的事情顾虑太多，以至违心地做一些坏事，也保不准。

强久说：“在西藏，你给藏人一座金房子，你叫他不信佛，那也是不可能的，藏人都知道花钱买的快乐不是真快乐，我看你是个好人，你的想法非常符合佛教，要不这样，你来我这里做经理，我去做我的喇嘛，怎么样？”说完他又哈哈大笑起来。

六、幸福

你是金铜佛身，我是泥塑神象，虽在一个佛堂，我俩却不一样。

——仓央嘉措

藏族人的脸是一张祥和的脸，他们的眼睛更是清澈如美玉一般，他们神态很满足，幸福的感觉溢于言表。在他们的表情里，我们似乎能发现仓央嘉措的影子。虽然一个是金铜佛身，一个是泥塑的神像。

佛教中说：幸福来自于满足。人世间有八苦。这八苦都是不满足也就是贪欲带来的，而且幸福与痛苦都来自于自己的内心。

在佛教中是这么说的，人的幸福来自于满足，人的痛苦不是外界而是自己的心态造成的，别人穿了好一点的衣服，我也想要，如果要不到就会痛苦了，这在佛教中就叫求不得苦。福报不是求来的，而是因缘和合产生的，没有因缘就得不到，这如同如母石的发现者，他也不是求来的，如母石的发现是因果，是因缘和合的结果。所以，发现如母石一直让我们产生冥冥中自有定数的感受。

在布达拉宫，我是雪域的王。走在拉萨街头，我是世间最美的情郎……

藏人深信这一点，所以他们不会去羡慕什么，攀比什么，同藏人接触久了，你就会发现这些藏人特别会安慰自己。有一个藏人家里的东西被偷走了，换个人可能又急又气，可这个藏人不着急生气，他觉得，人不到了窘迫的时候是不会盗窃的。况且也许是我上辈子欠他的，这辈子我把帐还清了，这因果就了了，一切都是因缘，于是他也就心安了。

人不满足的时候都是痛苦的，诸事也不会顺，还有一位，他们单位福利很好，他自己是高级职称，一次，单位分给他一个大房子，他不要，硬是把大房子退了。他说："我现在住的小房子很幸福很满足，要那么大的房子干什么？我又没什么东西可放。"这样看得开的人，你想他不幸福都很难啊！这样的事在内地是看不到了，我们常看到的是，人们见了利益就抢，抢来抢去，人与人的纯真感情没有了，幸福感也就跟着消失了。

这的确是佛教给藏人带来的境界和幸福，藏人深信因果和缘分，他们知足，满意，不羡慕不攀比，他们把幸福掌握在自己手中，掌握的牢牢地……

他们还知道，世界上什么最好，适合自己的就最好。不是别人有什么就要什么，这就是随顺缘分最好的做法。有些人看见别人好了，自己也要，不管适不适合自己，结果千辛万苦争取到了，结果不合适自己，更加深了自己的烦恼，这是何苦呢？也难怪，有些地方就是这个气氛，人们现在喜爱藏族文化，因为它可以给人带来宁静，一种意味深长的幸福感。

在西藏的牧区，那些游牧的藏民，他们的确很穷，但是他们的快乐也是实实在在的。因为他们有信仰，他们心中有佛，他们碰到困难不会

哲蚌寺的佛像：佛法在世间，不离世间觉，离世觅菩提，恰如求兔角。

怨天尤人，他们会接受不幸，他们认为这是在偿还。这时，他们会向佛祖祈祷，他们会忏悔罪业，他们相信，虔诚的忏悔会带来好的报应。

藏人追求精神，轻视物质，在西藏，虽然有些人很穷，但是他们却尊重知识，他们认为，财富是带不走的，而作为精神的知识却能够被带走，跟随自己进入下一个轮回，以至于，下一次再投胎他就成为越来越有知识的人。藏人绝不会把经书，乃至报纸之类有文字的东西随意地坐在屁股底下，他们对文化，对文字都很尊重，其实，他们尊重的是人的精神世界。

在过去，西藏有一个贵族，叫宇拓夏，作为贵族，生活应该很好，但是他一周才吃两顿米饭，而且是一碗米饭，上午吃半碗，下午吃半碗，他把钱捐给寺庙，修建佛堂，他追求的就是自己的精神世界。这个故事让我们联想起仓央嘉措的追求，那不也是一个完美的精神世界嘛！

仓央嘉措在青海湖遁世的时候非常艰难，他从六世佛王一下子沦落为乞丐，有一次他得了痘症，也就是我们所说的天花，身上的浓血使衣服和身体都粘连在一起，这样的苦难都没有使仓央嘉措产生厌世的想法，他靠着毅力和对佛的信仰，受到了佛的加持，终于渡过了危机，可以想象这需要多么大的精神力量。

在内地，很多人为了追求利益，丢掉了自己的文化，学西方又学不像，他们享受不到中国人的快乐，也享受不到西方人的快乐。

信仰的确是精神层面上的，可是谁又能忽视精神的作用呢？物质难道不是为我们的精神服务的吗？我们放弃精神而单单追求物质，这是不是有些本末倒置呢！在西藏，宗教信仰可以解决很多问题，解决很多在现实中不能解决的问题。

藏人为了生存可能会杀生，但是他们绝不会滥杀，在藏人眼里人、狗、马、牛有同样的灵性，他们绝不会为了口腹之欲而什么都吃。他们祈祷的时候，就会为六道众生祈祷，这是大乘佛教的境界。他们为了众生可以舍去自己的一切。

在传统藏戏里，有一个国王忽然想出家，于是国王带着自己的妃子和孩子来到深山修炼，佛祖为了考验他，向他要妃子和孩子，他给了，最后把自己的眼睛都施舍出去，这是什么样的精神力量啊！

回想这一路寻石的艰辛，禅悟光阴轨迹，相惜如母情怀……

七、信仰

想她想的放不下，如果这样去修法，在今生此世，就会成个佛啦。

——仓央嘉措

仓央之路上是充满艰险的，唯一能支撑仓央嘉措尊者的力量除了如母石，那就是对佛陀的信仰。

很多到过西藏了解一点西藏的人都有这个感觉，那就是这是一块净土，人间的净土。其实，西藏也是人间，并不是香巴拉。不过宗教在这里曾经是占统治的地位，其实在宗教对西藏的影响主要体现在三个方面，一是哲学；二是社会；三是民俗。我们不用探讨哲学的事情，在西藏那是高深的佛法，社会给我们展现的是它实际的形态，而我们最能深入的是藏人的民俗，佛教在藏人眼里是主要的精神寄托，西藏的文明产生于游牧，而佛教赋予了这个游牧民族精神本质。

很多厌倦都市文明的人来到西藏，很喜欢这个地方，因为这里的精神信仰的气氛，使他们觉得精神上的满足，但是有条件有能力享受这样氛围的人还是少数。内地人的精神决定了他的生活方式，西藏人的佛教决定了西藏人的生活方式。只不过在我们眼里西藏是那么新鲜，西藏人更注重精神的寄托。

在当地我们结识了一个朋友，他娶了个藏族老婆，当我们问他你为什么要跨民族找一个藏族女性结婚，他回答说："其实，我并没有刻意去找一个藏族人结婚，我是喜欢上了这个地方，这个地方相对来说让人觉得很快乐，这个地方的人和事会让你放慢速度，让你的心没那么复杂，吃碗藏面一样会很开心，每天就是喝点甜茶吃点藏面然后看本书，就是这样的日子。我的北京朋友对我说，你过的那是什么日子啊？他们是不理解，他们认为这里科技经济不发达，所以才把精神放在第一个层面。他们问我，天天这样转个经磕个长头，就这么过有什么意思？说那些藏人还不是一样穷，一样生老病死。我告诉他们：你们不了解也不理解，你们不了解信仰的力量，因为你们没有信仰，所以你们生活得很痛苦。"

是啊，我们常常看到那些转经的人转着转着就不觉流下了眼泪，他解释说："那些转经的人不是保佑自己，人家是为了整个社会，整个人类，发的一种菩萨般的慈悲心，他们对天下的受苦的人都有很深刻的慈悲。"

藏族人几乎都信仰佛教，他们觉得很多人有钱但是并不快乐，因为他们只有自私的心。而藏族人，也许他们自己很穷，但是，他们的祈祷不是求佛来保佑自己发财。他们祈祷的是：第一六道众生幸福，第二世界和平。他们不会说我现在遇到什么问题，请菩萨帮忙解决问题，有一个穷得只有一根棍子乞讨的老太太，也许早上有吃的，晚上就没了，但她也不会祈祷说请菩萨帮忙晚上给我点吃的。

我们看到八廓街上有很多人在磕长头，这的确不是一件轻松地事，后来我们了解到他们每一个动作都有意义。在磕长头的动作里，两手双举就是表示六道众生的罪业清除，双手合十就是表示获得佛的智慧，手放到头顶希望轮回之后还得到人身，并且把身上的邪气清除，把手放在下巴的意思忏悔嘴巴骂过人说过人坏话的罪业，把手放在胸前是把坏的心消除，包括那些想做还没做的坏事。双手放在地上表示把地上的灵气吸入到身体里面。我暗想现在的人都住高楼大厦了，用北京人的话叫“不接地气”，他们虽然衣冠楚楚，行色匆匆，我们不禁要问，他们在追求什么？！

磕头要把额头触碰地面，是礼敬佛，全部身体接触到地面，叫五体投地。藏人看来，只有这样磕头才来的虔诚，来的彻底。很多人觉得西藏人磕长头很神秘，其实时间长了也不神秘。我们有时候去大昭寺和喇嘛一起盘腿坐在那里聊天，大家谈谈人生，聊聊佛法，身心都很愉悦，难道这不是享受吗？这种享受只有在雪域高原才能享受得到。

第五章

上师的脚印

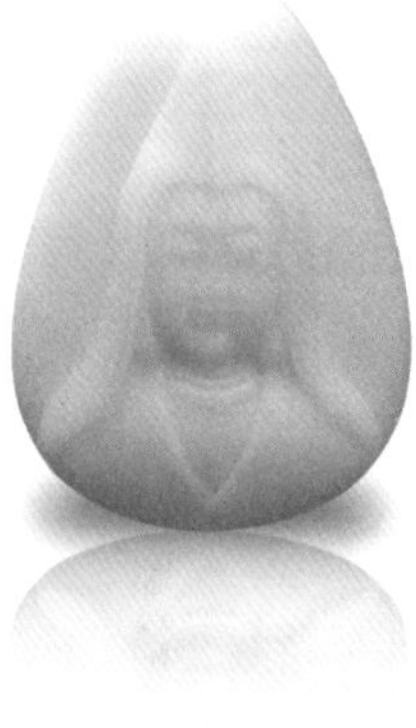

玉之坚强篇

《拾遗记·高辛》载："丹丘之地有夜叉驹跋之鬼，能以赤马瑙为瓶盂及乐器，皆精妙轻丽，中国人有用者，则魅不能逢之"。

玉具有超自然的力量，认为将玉制品供人佩饰或使用，可增加精神上和心理上的抵抗力量，防御邪气的侵袭，扫除鬼祟的祸患，保障人和物的安全和吉祥。

一、多事之秋

对于无常和死，若不常常去想，纵有盖世聪明，实际和傻子一样。

——仓央嘉措

我们崇敬仓央嘉措尊者，除了从对藏人的身上发现尊者闪光的形象之外，还要对尊者的生活背景以及历史也应有个大致的印象。

17世纪中叶，是西藏政坛的多事之秋。仓央嘉措就是在这样的背景下成为转世灵童的，了解这个背景有助于我们理解仓央嘉措，以及后来的历史，了解仓央嘉措为什么以诗歌的形式弘扬佛法，以及他以后在青海湖的遁世……

仓央嘉措是西藏历史上一位传奇人物，关于这位六世佛王的事迹一直流传着他的逸闻趣事，这些传说更给他披上了一层神秘的面纱。18世纪的西藏，正值多事之秋，尤其在五世达赖圆寂以后，各种矛盾发展到很深的程度。在政治上主要体现在藏王第巴·桑杰嘉措与和硕特蒙古部拉藏汗之间的矛盾，另外还有清政府对西藏和蒙古的统治。

和硕特蒙古部是倾向清廷统治的，而和清廷对抗的是准噶尔蒙古部的葛尔丹，藏王第巴·桑杰嘉措与葛尔丹交好，引起了清廷的猜忌。虽然仓央嘉措处于政教合一的权力顶峰，但藏王实际上行使了全部的权力。拉藏汗为了打击第巴·桑杰嘉措，向清廷诋毁第巴以及第巴所树立的六世达赖仓央嘉措。拉藏汗先奏报第巴·桑杰嘉措对五世达赖圆寂密不报丧，后又攻击第巴·桑杰嘉措树立的六世达赖是假的，这成了仓央嘉措的全部罪名，至于仓央嘉措的行为那只是与第巴·桑杰嘉措内部的纠葛而已。

事实上仓央嘉措虽然为第巴·桑杰嘉措所树立，但是仓央嘉措并不与第巴·桑杰嘉措完全同心，他打算改革政教合一的体制，仓央嘉措主张把政治和宗教分开处理，而且自由自在不论凡俗，第巴·桑杰嘉措也对仓央嘉措十分恼火，当然不能按仓央嘉措的主张行事。

仓央嘉措也难免失望。其实，他的所谓的“风流韵事”只不过是游戏三昧而已，实际则清净无染。这对于当时专横跋扈第巴·桑杰嘉措也是一种失望的体现。但是，清廷和拉藏汗反击的铁拳不仅落在桑杰嘉措的身上，也落在了仓央嘉措身上，由此直接导致了仓央嘉措在青海湖的遁世。

关于这位喇嘛大致有两种说法：一种认为他于北上的途中死于青海湖边，终年25岁。此说法见于《清史稿》；另外一种说法，记载于《西藏民族政教史》，说当押解的队伍来到青海湖边，大师舍弃名位决然遁去。当时钦差只好呈报是圆寂，实际上仓央嘉措后来又游历了印度、尼泊尔、康、藏、甘、青、蒙古等地，弘法利生，事业广大。

据有关记载，仓央嘉措是在风雪夜中遁去，游历各地，后来到阿拉

善旗班自尔扎布台吉家，后在仓央嘉措34岁时收尔扎布台吉的儿子阿旺多尔济为徒，并在当地弘扬佛法。仓央嘉措于1757年坐化。阿拉善有广宗寺，就是阿旺多尔济继仓央嘉措之后修建完工的，内有六世达赖灵塔，仓央嘉措被尊为广宗寺第一代上师。直到“文革”前，广宗寺还保留着仓央嘉措的肉身灵塔。

雪顿节是每年藏历六月底七月初，是西藏传统的节日。因为雪顿节期间有规模盛大的晒佛仪式，所以有人也称之为“晒佛节”。

二、藏而不露

在那阴曹地府，阎王有面业镜，人间是非不清，镜中善恶分明。

——仓央嘉措

尊者遁世后，仓央嘉措对自己的过去守口如瓶，但是上师毕竟是上师，他的种种行事毕竟有异于常人。因此，侍者们有时也会揣测这位神秘的上师。有外人问及上师的家乡，仓央嘉措总是回答说："我自幼浪迹在外，年深日久，父母乡土都忘怀了。"有人问他姓名他也说："我没有姓名。"仓央嘉措很神秘，引起了人们的好奇，有人自诩为知情者在人家面前吹嘘，仓央嘉措则斥责道："自己尚且不自知，你知道我是谁？"

一次，一位密宗师从前藏来，讲了这位大师就是谁云云，上师立刻诅咒他说："让遍入天罚你。"

有人这样说："五世达赖佛爷有许多化身转世，这位便是其中之一。"仓央嘉措尊者总是劝阻道："休得如此说，对他们诞生的地方，目前的

藏历四月十五日，是佛教创世人释迦牟尼诞辰及圆寂的日子。这一天，藏族男女老少身着节日盛装，转经念佛。相传藏历四月是佛月，藏语称“沙噶达瓦”，各地藏族群众，在这个月中，都要朝佛念经，磕长头，禁止屠宰牲畜，积功德……

居处，是万万不能随便说的。”

但是，仓央嘉措尊者毕竟是声名显赫的人物，有些有年纪的僧人曾经亲眼见过仓央嘉措真人，他也谆谆嘱咐：“暂时不要向任何人泄露。”所以仓央嘉措的一些事迹当地人没人敢随便谈论，大家只觉得他绝非一般的人。

仓央嘉措尊者亲自说过：“切莫将各种名号加到我头上，显露太过，就会像水中的鱼儿一样了。其实，那与神佛无异的圣僧上师，只要虔诚祈愿必能得到加持，你等但能以得到圣观音加持的上师敬事，祈祷祝愿，也就十分好了。”

世上没有不透风的墙，上师有时也对心腹侍从偶尔也讲一些他在游历康、卫藏以及印度、尼泊尔等许多圣地的经过，也谈到他所行的修习、苦行以及种种的奇闻趣事，不过这些都是在心腹侍从中说，对寻常人是绝口不提的。

以下我们讲一些仓央嘉措的修行、游历的小故事，内容均取材于上师亲自收的徒弟阿旺伦珠达吉所著《仓央嘉措秘传》，庄晶先生翻译，其中内容牵涉到很多藏传佛教密宗修行的一些事情，尽量的说得清楚一些，而且很多内容是其弟子阿旺伦珠达吉亲耳听仓央嘉措讲授的，他只是一个最合适最忠实的记录者而已，有些内容阿旺伦珠达吉按照上师的嘱托是隐去不讲的。这里介绍一下已经记录过的，以便于我们对仓央嘉措的传奇有一个大概的了解。

三、遁世

水晶山上的雪水,党参叶尖的露珠,再加甘露作曲子,仙女空行酿的酒,发着圣誓喝下,就不会堕入恶途。

——仓央嘉措

据记载，仓央嘉措的遁世也是有因缘的，那就是北方的众生对于佛法的渴求，时候到了，是上师应该去的时候了。这里的北方暗指内蒙古的阿拉善地区。

话说一件事情的形成，绝不是简单的想到就做到了，它往往需要很多的因缘促合而成的。仓央嘉措的北上，虽然早有定数，但是也离不开一些外缘，那就是第巴和拉藏汗的矛盾直接促成了此事。前文也有简略介绍。为了攻击第巴，拉藏汗给当时的清廷寄去一封信，对仓央嘉措是不是转世活佛表示怀疑，于是大清皇帝康熙便派了一位精于相术的人进藏一探究竟。

相士来了以后，让仓央嘉措赤身坐在座位上由相士全面观察之后说:

“这位大德是否为五世佛爷的转世，我固然不知，但是作为圣者的体征则完备无缺。”说罢，对着仓央嘉措顶礼膜拜，然后就回禀朝廷去了。

莫衷一是的结论，使第巴和拉藏汗的矛盾激化，康熙派钦差前往调停，可是路途遥远需要时日，拉藏汗在钦差到来之前就将第巴攻陷屠戮了。钦差到了之后，拉藏汗向其诉说第巴的种种过患，木已成舟，钦差也左右为难起来。

后来钦差迎仓央嘉措北上去内地，仓央嘉措是年正好二十五岁，表面上是迎往实则是不知如何安置罢了。

一行人，包括仓央嘉措，往北行走。这天到了冬给错纳湖畔，钦差接到了康熙皇帝的诏谕：“尔等将此教主大驾迎来，将于何处住锡，如何供养，实乃无用之辈。”

康熙皇帝的意思很明白，也就是责怪钦差办事不力，把仓央嘉措押解到北京，让康熙皇帝很为难。康熙皇帝知道，仓央嘉措是受到了第巴事件的牵连，但第巴已死，也不愿意得罪得势的拉藏汗，而在北京供养六世达赖又不合礼数。因此，迎仓央嘉措北上，实在是让康熙皇帝两难。因此，诏谕两位钦差方便行事，也就是仓央嘉措不能北上北京，至于如何让钦差自己处理。从诏谕的意思和当时的情势分析，钦差也就领会了康熙皇帝的意思。揣测康熙言下之意那就是：“只要不让我为难，你们自己看着办！”

两位钦差当然明白了，但他们并不敢对仓央嘉措下手，毕竟他是六世佛王，于是他们就觐见仓央嘉措以恳求的语气说明原委。他们对仓央嘉措说：“为今之计，唯望足下示状仙逝，或者伪做出奔，不见踪迹。如果非如此，我等性命休矣！”钦差一再哀求再三。

仓央嘉措先是断然拒绝："你们当初与拉藏汗是如何策划的？照这样，我不见到皇帝，我坚决不会回去！"仓央嘉措这样的表态让钦差很不安，迫于无奈，他们竟然打算加害这位喇嘛。

仓央嘉措得知后，知道自己势单力薄，无法与钦差对抗。也念及他们自己也处于为难的境地，加之仓央嘉措也预感到度化北方众生的机缘已经来到，何不趁此机会了结这一段因缘呢？于是，仓央嘉措又对钦差吐了活话："既然事情已经到了这步田地，我也实在不愿意坑害你们，与其贪求我个人的私利牺牲大家，不如我一死了之，但是也得容我先观察观察缘起如何再说。"仓央嘉措如此表态，本来命悬一线的钦差如释重负，感激涕零。

仓央嘉措开始祝祷，观察因缘，结果很是吉祥。当天夜晚，就准备只身登程上路，这事只有两位钦差知道，别人一概不知。随身只带了一块未生怨王的护身宝贝——一只大若鸡卵的舍利母，一挂紫檀念珠和一个镌刻有标记的徽章，腰间别了一只降魔杵。

仓央嘉措要走了，离开这是非之地，开始游离各地和调伏北方众生的事业。他还年轻力壮，毕竟他遁世时是个年仅 25 的青年。他走之前，对两位钦差嘱咐了一番，两位钦差只是泪流满面，无限悲伤。话别之后，仓央嘉措毅然上路，刹那间狂风大作，前面有一位牧人打扮的妇人也在行走，仓央嘉措便尾随这位妇女而去，终于消失在茫茫戈壁大漠之上。从此，仓央嘉措在人们的视野中暂时消失了……

两位钦差也同时向康熙皇帝奏报，说仓央嘉措在青海畔病死，其实到底怎么回事，康熙皇帝当然心知肚明。既然事已至此，同时也能使蒙古和西藏的局势转危为安，他当然是愿意见到的，于是对此事并不深究。

史官大概就照例记载于史册，于是正史中所谓仓央嘉措25岁病死于青海湖畔也就因此形成了，这却更加增添了仓央嘉措的神奇和神秘。

下文我们将介绍一些仓央嘉措的神奇故事，当然他不是以六世达赖的身份出现在人们面前，也不是以仓央嘉措的名号，而是以一个上师的身份行走世间，自我修行，教化众生。尽管仓央嘉措隐姓埋名，但是他仍然是一位有修证有道行的上师喇嘛，仍然是转世灵童，因此虽然在路途上艰难困苦，但是他始终能得到人们的信仰，至于后事如何，下文再说。

四、神人之间

浮云内黑外边黄，此是天寒欲雨霜，班弟貌僧心是俗，明明末法到沧桑。

——仓央嘉措

仓央嘉措离开了钦差一行人，只身行走在大漠戈壁或青山峻岭之间，这是他苦行的开始，这完全与他过去的生活有天壤之别。过去他是西藏最高的统治者，养尊处优，而现在他是一个行脚的喇嘛；过去在藏人眼里他是神，现在成了无家可归的乞丐。他饥渴难耐，脚掌也磨出了水泡。不过仓央嘉措毕竟不是凡人，虽然他有着人的肉体，但是却有佛一样的心性，面对苦难他自言自语道："高贵的终归衰微，聚集的终于分离，积攒的终会枯竭，今日果然。"

作为喇嘛，苦行其实是最自然不过的事情，苦行甚至是出家人的必修的功课，只是没有想到仓央嘉措的苦行是他成为六世佛王之后。其实，佛教的创始人释迦牟尼佛也是经过了六年的苦行而得道成佛的，仓央嘉措不也是这样吗?

有些哀伤只能默默的存在心底，
有些路啊，只能一个人走。

仓央嘉措当然知晓这些道理，他觉得他现在是一个脱离繁文缛节羁绊的人，他觉得终于自由了。他不但没有怨恨，他相反升起了对佛法僧的敬仰，体会到了他们的慈悲。他不会怨恨，因为他知道苦行是消除孽障最好的方法，是很好的修行。他决定趁这样的机会好好地修行，到各处朝圣。想到这里，他反而觉得心生欢喜。

仓央嘉措深一脚浅一脚地走在路上，遇到一队商人，他们坐下来休息，仓央嘉措也在他们附近坐了下来。他想讨碗水喝，可是他从没有这样做过，不知如何开口。

正踌躇时，商队中一位老者发话了："僧家，你是干什么的，可愿意喝口茶？"

"愿意，不过我没有茶碗。"

有一个人用一只黑色海碗给仓央嘉措倒了一碗茶，在此之前，仓央嘉措哪里用过别人的碗喝过茶水呢？不过，此时也顾不得许多了，于是，仓央嘉措一口气喝了下去，没想到味道竟然是如此甜美。

那队商人也对他产生了好奇，他们觉得这个人服装和相貌都不是个普通的人，他们与他搭讪："你从哪里来？到哪里去？"仓央嘉措一时语塞，不知如何回答。按照出家人的戒律，说谎也就是打妄语是不应该的。可是，仓央嘉措想，我的身世断不可对旁人说，只能回答道："我们一行是西藏下来的僧人，在路上遭遇作乱的强盗，大家失散之后，我一个人流落到这里。"

这是仓央嘉措第一次对人说谎，他觉得很不自在，不过他这番话引起了大家的同情，那个老者建议他跟他们同行。仓央嘉措说："脚下疼痛，走不动了"，于是老者给他拉过来一匹背上没有负载的牦牛，让他骑乘。

仓央嘉措从没骑过牦牛，坐也坐不住，老者又给他配了鞍子，这样仓央嘉措才能跟这队商人同行。一路上，大家互相聊天，不过仓央嘉措的话，他们大多似懂非懂。

仓央嘉措毕竟是尊贵之体，由于少不了地上秽气侵袭，他的脸都肿了，经过很长一段时间才适应过来。一日，商队忽然踌躇犹豫起来，原来，他们可以走两条路，其中有一条路是要横跨黄河的，可是又不知道黄河封冻了没有。于是他们试探地问仓央嘉措会不会算卦，预测一下黄河是否封冻了，仓央嘉措便算了一卦，按照卦象所示，他告诉他们黄河已经封冻，于是他们决定横跨黄河。

当一行人来到黄河边，黄河果然封冻了，从此大家对仓央嘉措更加敬重了。商队到了目的地，一个叫达阿日的地方，那里的人们对仓央嘉措极为尊重。于是，仓央嘉措在那里住了两个多月，在这段时间仓央嘉措为当地人读诵了经典《八千颂》，并且还为当地人讲述了“业果之道”等佛法，当地人升起了对佛法的极大虔诚，仓央嘉措也在这个过程中完成了走下神坛的过程，完成了神与人的转换。

当然，达阿日并不是仓央嘉措要久留的地方，他还要继续游历参访朝圣乃至苦行。两个月后，仓央嘉措要离开了，人们十分不舍，非常伤心，仓央嘉措为了安慰他们把自己的上衣赠送给人们。人们也送给他很多物品，而他只接受了一点茶叶、酥油和奶渣等，其余物品一概没有接受。临行前，尊者给他们做了法事，然后又上路了，仍然是孑然一身。仓央嘉措继续走着，走着他的苦行之路，他相信在艰苦的修行之后，不但他自身能得到更加殊胜的证悟，同时也能更加有益于广大的信仰佛陀的人民。

放生羊，在藏区的大街小巷是很常见的。因为得到了佛法的加持，它们的眼神非常的明亮……

五、痘疫之难

风沙和磨难永远是修行的一部分，不懂得修行的人难成正果。

——甲木英丹·普勒尼玛

在游历的过程中，仓央嘉措经历了很多苦难。其中很严重的是一次患上了痘疫，痘疫也就是现在所称的天花，是一种急性传染病。

话说仓央嘉措只身一人正在往一个叫擦瓦绒的地方走着，这个地方也就是在西藏的东南部。时光大约在夏日，虽然那里地广人稀，野果繁多，但是那里正在流行痘症，死了很多人，有些村落尽绝人迹。

仓央嘉措也感到身体不适，最后连路也走不动了，他想："如今恐怕也染上这种恶疾了！"，万般无奈，卧倒在一棵葡萄树下。此时的他，全身都肿了起来，遍布水疮，疼痛剧烈，令人难以忍受。

渐渐地头面也肿了，就连睁眼、翻身也不能够，加之没有吃的，除了疾病，他还忍受着饥渴的煎熬。白天，烈日炎炎，炙烤身体；入夜，寒风刺骨，这种苦难就像在地狱受苦一般。这种痛苦非一般人能承受的。

仓央嘉措时而醒着时而昏迷，这样的日子究竟过了多久，自己也记不清了。

仓央嘉措毕竟是有修行的人，知道业力现前，因果不虚。就在这奄奄一息，几乎丧失生命的情况下，他还能奋力向上师祈祷，只是想着受苦可以消除的恶业，乃至能消除此地发生的瘟疫，他忍受着、坚持着，换成一般人不知能不能有这个神力支撑过来。

时间大约过了十来天，苦难并没有歇息，仓央嘉措身上的痘疮渐渐成熟，还化成浓液，又跟衣服粘在一起，还有很多虫子在身上肆虐，这样的受罪就更大了，一般人简直不能想象。

业报终有终结，疾病忽然有了转机。当他手臂可以抬起的时候，他就从葡萄树上摘取些葡萄吃，终于吃了点东西，觉得身体有了些气力。就这样，又捱过了二十多天，这前后就是一个多月，虽然疾病逐渐好转，但是由于没有正常饮食，身体很是虚弱，仍然不能上路。

仓央嘉措心想："这样纵然病不死，也要饿死！"，真是吉人自有天相，突然天上飞来一只乌鸦叼着一片肉，扔在仓央嘉措附近，他也顾不得许多，拿过来吃了一些，于是体力恢复了一些，他打算在这块肉没有吃完之前一定要找到一个有人的村落，否则还是难以生存。

他找到一根棍子，支撑着病体缓慢前行，步履艰难，也没走多远便发现了一片树林边结着很多红色的果子，腹中饥饿，便采摘一些吃了，不知是什么原因，也许是果子有毒，仓央嘉措腹中绞痛，直至疼的他死去活来，他想这业缘大概还没有结束吧。他又鼓起与疾病抗争的勇气，努力保持着最后一口气，不一会疼痛减轻了一些，也许是太累了，他朦胧睡去。

仓央嘉措在睡梦之中，做了一个梦，他梦见一个年轻的美少年，身穿黄衣，对仓央嘉措说："迎接足下来了！"同时，虚空中有一不见形体的声音道："这果有毒，不能食用！"但又有另外一个声音道："对于能化毒为药的人绝无损害。"这个声音还说了一首诗："毒物乃自汝意出，树头果实诚有毒。更如甘露珍馐味，能使身体得康复，喜庆前途速上路！"

听到这声音，仓央嘉措惊醒过来。这么多天来，觉得浑身舒泰，阳光照在身上暖洋洋的，他振作精神，继续上路，翻越高山深谷。正行之间，果然看见一个穿黄色上衣的人正靠在一块磐石旁边，仓央嘉措很高兴这次邂逅，跟他攀谈起来。这个黄衣人将道路、村落及居民分布等情况向仓央嘉措做了详细的介绍，最后黄衣人对仓央嘉措说："由此下行，在村首上方有一座灵验禅洞，就请足下住到那里，我现在不得空闲，实难奉陪，但是和足下的缘分未尽，后会有期。"说完，隐入密林深处，不知所踪。

这就是仓央嘉措游历途中罹患痘症的故事。

六、神灯天母

圣者自有护法的护佑，众生总有菩萨来慈悲。

仓央嘉措一路游历，他还曾经来到过峨眉山朝圣。峨眉山是普贤菩萨的道场，在峨眉山因缘还是很不错的，汉地的和尚们对他很好，以至饮食无缺。但是，西藏仍如一块磁石一样吸引着他，离开峨眉山后，他又独自一人向西藏方向走去。

一日，仓央嘉措来到西藏境内，他已经打定主意，一边化缘一边朝圣奔赴拉萨。在一个寺庙的转经路上，遇到一个妙龄女子，服饰华美，那女子将仓央嘉措打量一番，问道："这位香客是从哪里来？"仓央嘉措回答："我来自康地，要去拉萨朝圣。"女子说她刚从西藏回来，她说："为什么人们都要到拉萨去朝圣呢？"说完便笑了起来。

仓央嘉措望着这位妙龄女子，一时没领会她要表达的是什么意思。仓央嘉措准备继续赶路，那女子又表示，如果你没有什么事情的话，可以在这里稍作停留，她可以为他提供膳食。仓央嘉措想，既然如此也打

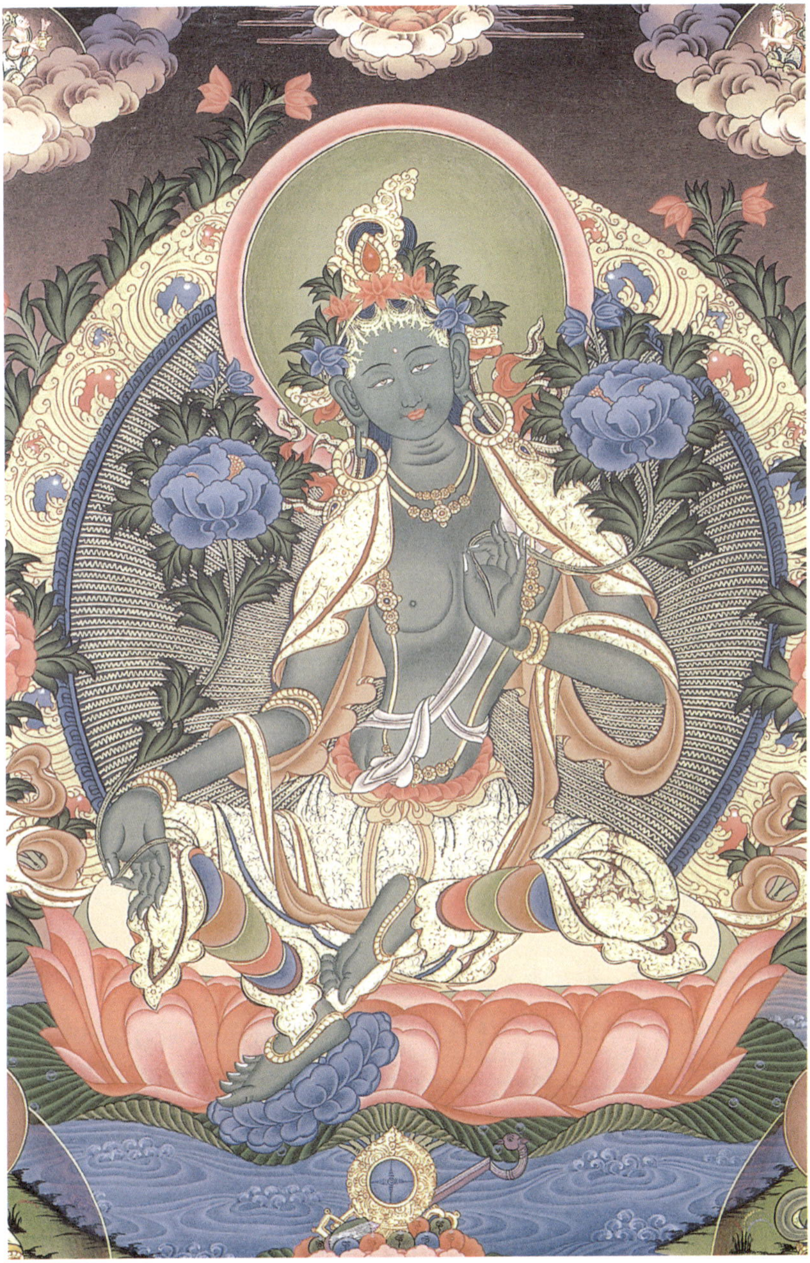

算休整一下，就答应下来，问道：“你家在那里呀？”女子答道：“寒舍暂时不宜大驾光临，后山有一禅洞，十分僻静，没有杂人干扰，请足下前往，自有我来安排一切。”

仓央嘉措见她如此热心，也不便推脱，就照她的话来到了后山的禅洞中，住了下来。所谓的禅洞就是一些修行人禅修的山洞。下午了，天色逐渐暗了下来，这女子送来了一罐清水及柴火，还有糌粑等，并说：“请暂时在这禅洞中安居，柴粮用尽，一定随时送来。”说完就离去了。

洞中住了两天以后，正当过午时分，忽然来了一个年老的沙门，自称是寺院的执事，他一进来就开始盘问仓央嘉措的来历，两人正说话间他看见了水罐，于是叫道：“这是我的水罐，你怎么偷来了！”随即一伸手掐住仓央嘉措的脖子，给了他一巴掌，仓央嘉措顿时觉得脸上火辣辣的，又羞又愧一时说不出话来，老沙门却余怒未息，骂不绝口说到：“给你点颜色看看！”说完，抱起坛子就走。仓央嘉措只好目送这老沙门远去，只见他走下山去，当走过山下拉妥（一种石头垒起来的神坛）忽然摔了个筋斗，水罐也碎了，水也洒了，老沙门爬起来，无可奈何地看看四周，匆匆地回去了。

当时，仓央嘉措很懊丧：怎么走到哪里，都要逢灾遭难？正当仓央嘉措疑惑的时候，那女子又来了。仓央嘉措斥责道：“你把别人的水罐偷来，刚才主人找来了！”于是就把刚才的遭遇讲了一番，然后继续说道：“如此这般，实在糟糕，原来也不知道你是什么人，所以住到这里，现在我可要走了。”那女子道：“我是什么人，日后你自然会知道。不妨事！现在你务必在这里休息几天！”说罢，扬长而去。仓央嘉措打算了解一下妙龄女子住在什么地方，于是跟了出去，当一出去抬头一看，

羊卓雍错，牧区上的碧玉之湖，像一面铺开的扇子，在群山之中蜿蜒……

那女子早就无影无踪了，仓央嘉措暗忖：这恐怕不是一般人啊！

当夜，只听门嘎嘎作响，门开了，那女子又来送水，仓央嘉措对她说："这次我决然不要！"那女子好像没听见似地，把水放下就走，仓央嘉措满腹疑虑。晚上，仓央嘉措在梦中得到了启示，原来这是神灯天母的神变。

第二天，那老沙门寺庙中的上师亲自来访，原来这位上师早先就认识仓央嘉措。他手中摇着嘛呢轮，慢慢地踱着步子，询问着仓央嘉措的来历，仓央嘉措就照旧说他是朝圣的香客，说完就一声不吭了。上师端详着仓央嘉措的脸，拉过仓央嘉措的衣襟闻了又闻，然后长叹一声嚎啕大哭起来，仓央嘉措急忙安慰道："足下切莫如此，我实在是一个朝圣的香客，你莫非认错人了吧！"上师似乎从仓央嘉措的声音中认准了他面前的这位"香客"就是六世佛王，连声说道："我全明白！我发誓不会对外人讲。"当下顶礼叩拜。

于是，仓央嘉措在禅洞中住了一个多月，上师供养照顾极为周到细致。寺中那个打了仓央嘉措的老沙门也就是水罐的主人，心里一直惴惴不安，犹犹豫豫来到仓央嘉措前请求宽恕。当然，仓央嘉措知道这一切都有内在的因缘，是不会责怪他的。

相信轮回，懂得轮回，人才能明白做人的意义何在。
途中遇见朝圣的人……

七、六牙白象

行善积德是众生的福报之源，修行佛法使众生的福德无量无边。

康熙五十二年，仓央嘉措历经千难万险到达印度。他与同伴来到殊胜的灵鹫山，这灵鹫山大有来历，这是释迦牟尼佛亲自宣说《般若经》的圣地。

当时，来自印度各地以及尼泊尔、西藏等地的人纷纷来朝圣，形形色色，人数众多。仓央嘉措仰望着灵鹫山，忽然感觉这山不是土石形成的，似乎像一卷卷经卷累积而成的宝藏之山，在山顶上有释迦牟尼佛的宝座。仓央嘉措本来打算上山朝拜，但是这是宝藏累积的山巅，断不能用足踏上去，以免有失恭敬。于是仓央嘉措决定不攀登上山。

仓央嘉措在山下敬仰着灵鹫山。但是，其他人则肆无忌惮，足踏着宝山，前往释迦牟尼佛宝座朝拜。仓央嘉措一人守在山脚下，默默地追思释迦牟尼佛的无量的功德。当年，佛用身、语、意演说佛法教化无量众生，仓央嘉措顿感欢喜，乃至留下了眼泪。他思绪万千，不觉开口唱

歌，抒发心怀。这的确体现了仓央嘉措诗人的性格，当有感的时候，他就会赋诗寄托自己的情感。

同行的人又到其他地方朝拜去了，仓央嘉措只身一人前往卜拉哈日寺。仓央嘉措修炼过气功，十分有经验，常人需要行走七天的路程，仓央嘉措一两天就到了。到了之后，仓央嘉措贡献出几两黄金，发放了一次斋茶，并且所有的大殿都礼拜了多次。

然后，仓央嘉措借住在一位住持的僧舍中，用了六个月的时间，体验修持“上乐铃五尊法”，锲而不舍，夜以继日，终于获得种种的证悟。仓央嘉措感叹：印度这个地方的确是许多佛祖加持过的圣地，在藏土需要修一年的法，来卜拉哈日寺后只修一昼夜便超越很多了。

在卜拉哈日寺的日子里，仓央嘉措获得了很多证悟的奇迹，我们只说仓央嘉措见到伊罗婆那象王的经过。伊罗婆那象王据说是帝释天的坐骑，至于具体在印度什么地方见到的，记录者没有说明，不过这件事情十分奇妙，因此记录者还是把它书写了下来。

时间大约是某月初八那一天，在茫茫无垠的长满古莎草的荒野上，仓央嘉措孑然一身地行走着。他抬头远望，忽然发现有一座雪山在缓缓移动，仓央嘉措心想：“这大概就是‘雪山也能滑行’的俗话了？”于是，他索性坐下观看，那“雪山”却越来越近，才逐渐发现这是个动物，动物慢慢靠近，仓央嘉措终于看清，这原来是一头大象。

只见这大象，浑身雪白、口生六齿、体态美妙，光彩夺目、香气氤氲，背上升出的五彩霞光直射空中。这大象一边用鼻子卷食着古莎草，一面徐徐行来，仓央嘉措看得很清楚了，他心想：这大概就是《甘珠尔经》中所说的那匹由世尊释迦牟尼佛福德所成的宝象了。

仓央嘉措震撼了，他忆念着世尊的无量功德，他顶礼再拜，泪如泉涌。然后，站在宝象面前目不转睛地看着它。最后，那六牙白象右绕仓央嘉措一圈，仓央嘉措得以看得更加清楚，那白象绕完圈，缓缓而去。

此后，仓央嘉措又踏上了返藏的路程。走了多日，来到一座城市，长期在印度的游历，使仓央嘉措说得一口流利的印度语言，于是他向一位服饰华丽，仪态端庄的老太太详细地叙述了遇见六牙白象的经过。那老太太说："据我们八九十高龄的老前辈们说，这匹大象每百年才会出现一次，阁下有此善缘，真是福分不浅啊！我们也只不过听听而已，哪能够亲眼见到呢？这象也就是佛祖在俗为转轮王时，江山七宝中的白象宝，妙啊，妙啊……"那位老太太说着，十分欢喜。

喇嘛是藏语，意思是上师。"喇"和"嘛"是两个词，"喇"是指轮回涅槃之中已成为最上，"嘛"指对众生悲悯犹如母亲对自己的孩子一般。

八、从青海到阿拉善

尊者的足迹，闪烁着佛的祥光，尊者到达哪里，就会把佛的智慧带到哪里。

仓央嘉措尊者的圣行有很多很多，我们用笔墨无法进行全部的记录。有一首诗上说：“只要有一片笃信虔诚，总能够写下一鳞半爪。”于是，我们只能断断续续，有一些跳跃性的记叙和描绘，不过万事都有因缘，仓央嘉措的行踪也不会是空穴来风的。

一本名叫《问道语录》的书记录了这样的文字：“从蕃地的北方向北方，为拯救无怙的苍生走一趟。”这段文字其实内涵玄机，它预示了仓央嘉措的行踪。蕃地就是指的西藏地区，那么西藏的北方是指多麦这个地方，再往北方就是指向的蒙古的地区了。也就是说，仓央嘉措要离开西藏到北方再北方的蒙古地区的众生，也许仓央嘉措的历程早就与蒙古地区的众生结下了不解之缘。

康熙五十五年春，仓央嘉措一行人秘密地从西藏启程，于当年秋抵达了青海。由于疾病等原因，有些侍从请求不再继续向北前进，于是在我在途中一座小庙宇中停留下来，我不确定作为一个佛弟子有多少殊荣，但我确定据肩负了更多的责任，这也意味着你不是索取佛菩萨，而是要懂得付出诸佛菩萨。

青海徘徊了一个月。最后，仓央嘉措把所有人都留在了西宁，毅然独自向北，去完成自己的使命。

仓央嘉措向北走着，一副游方僧人的打扮。一天，仓央嘉措在一个寺庙中的僧舍中借宿。当天晚上，护法神对麦喇嘛珠钦仓预示道："明晨仓央嘉措佛爷将要驾临你家门前，必须好生迎接款待，休得有误。"护法神是护持佛法的神祇，他们负责保护在人间弘扬佛法的有修行的人。

那位大喇嘛虽然年事已高，腿脚又有疾病，但是得知了护法神这个预示后，积极地做了迎接的准备，丝毫不敢怠慢。第二天，他起了个早，安排众僧人打扫房舍，安设法座，一应供器祭品排列得井然有序。

这天早上，仓央嘉措来到赛科寺的大殿并绕行礼拜。有一位叫罗桑班丹喇嘛也同时得到了护法神的预示，为了迎接尊者的到来，他隐身在大殿的一个角落里，当仓央嘉措巡礼大殿的时候，他们在大殿一角相遇了，罗桑班丹立即倒身下拜。仓央嘉措说了一句话："霞鲁巴·列巴坚参足下也来了吗？"从此以后，罗桑班丹就以霞鲁巴的名号闻名遐迩了，这是后话。

早晨大约辰时的时间，仓央嘉措来到了麦喇嘛珠钦仓的方丈门前，珠钦仓在里面得知，吩咐侍从索本道："仓央嘉措佛爷已经到了我们的门首了，快快迎接请进来！"索本暗想：大概是上师年事已高，迷了心窍，糊涂了便这么乱说，但也不好违抗不遵，只好走出门外观看。他抬起头，门外并没有什么人，只有一个云游僧人打扮的人站在门外，他没想到这就是所谓"仓央嘉措佛爷"，便回身回禀珠钦仓。珠钦仓连忙道："正是，正是！除了这一位还会是谁！马上有请！"说着他强撑着病足站立起来，有两个徒弟搀扶着挪到门口，手捧着神香迎接尊者，索本也迎了上来，将仓央嘉措迎请到早已备好的法座。

仓央嘉措坐在法座上，珠钦仓上前参拜，请求摸顶赐福，在场的僧众一时全不知是怎么回事，都傻傻地站在原地。只见仓央嘉措与珠钦仓喇嘛促膝而谈，像是相识很久的老朋友。渐渐地这些僧众也不再怀疑这位就是仓央嘉措佛爷了，于是都上来参拜，十分虔诚。不过他们对这位佛爷为什么以一个游方僧人的模样，孤身一人来到这里，大家都不免有些离奇的猜想。

随后，仓央嘉措来到大殿礼拜，正值那天是寺庙举行辩经大会的日子，有许多僧人在大殿里辩经，仓央嘉措径直前去礼拜。这时有一位在拉萨见过六世活佛的僧人认出了来者就是仓央嘉措尊者，于是急忙上前叩头礼拜，请求加持，仓央嘉措也没有拒绝，就给这位僧人摸顶加持，然后就离开了大殿。结果，那天在辩经大会上，这位受到尊者加持的僧人大获全胜，众僧人无不对尊者的加持力感到欢喜赞叹。

时光荏苒，仓央嘉措并没有停止行程，他继续向北去寻找他的众生，他率领着众随从从西宁直赴阿拉善而来。

当仓央嘉措北行的时候，仓央嘉措秘传的作者和弟子阿旺伦珠达吉的父亲、母亲和祖父都健在，他们目睹了仓央嘉措尊者到来的情景。那时的他，已经不是一位游方的僧人了，俨然是一位尊贵的上师。只见“那贵人骑一匹雕鞍雪白的骏马，鞍桥的前后俱安着鞍架，身着崭新的僧衣僧裙，外罩袈裟，配着被单，被单上系着固定用的绦带，头戴崭新的贡帽，足登卫地出产的花式缎靴，十二位僧徒紧随左右。”

仓央嘉措来到的这个地方，叫匝卜尔沃苏，当地有一位受到可汗供养的僧人叫格隆扎西。他远远地就望见仓央嘉措一行的到来，他急忙对大家说："从西方有一位上师和十几位随从，骑着马来到我们这里了，诸位大人、夫人快快去以大礼迎接。室内要铺设高座，大家都要参拜，要全力款待，虔诚祝祷。我可以断言，这位大师不是等闲之辈！"

阿旺伦珠达吉的父亲、母亲按照格隆扎西的吩咐，将仓央嘉措迎到家中，当时阿旺伦珠达吉才年仅两岁，刚刚会爬，有时他就爬到仓央嘉措的怀里，仓央嘉措很喜欢这个孩子，显得非常高兴，可是这孩子在仓央嘉措怀里撒了一泡尿。仓央嘉措不但没有不快反而说这是吉祥的征兆。

仓央嘉措终于找到了他的众生，他在此地为大家弘扬佛法，调伏众生，为大家做法事，无不尽心尽力，他也赢得了当地人的衷心爱戴，仓央嘉措来到阿拉善是早有预示的，就连那个撒尿的孩子在他母亲怀中都预示得清清楚楚。不过仓央嘉措对众人说："我说的这一切，暂时不要宣扬出去，尤其要紧的是对谁也不要说我这么一个从西藏来的喇嘛，为了圣教和众生的利益，眼下我用这套游方僧的打扮走走，你们不要妨碍我，有朝一日我的身世必将大白于天下，我终将为众人所称羡道奇，终将被大家所崇敬，这个时刻一定会到来……"。

朝圣途中经过一座寺庙，让我想起一个关于西藏佛教史籍对佛教是如何传到西藏的一个神话记载。传说大约在公元5世纪，一天吐蕃王室的祖先拉托多聂赞在雍布拉康屋顶上休息，忽然天上掉下来几件佛教宝物，国王不懂它们的用途，只听见空中有声音说：在你五代以后将有一个懂得这些东西的赞普出现。

九、度化北方的众生

佛度有缘人，既然北方的众生渴望佛法，那么尊者也就欣然前往，面对艰难险阻无所畏惧。

公元1717年藏历二月，仓央嘉措经过阿拉善王的衙门附近时，被霍秀扎格如格旗的一位智者挽留。王爷知道后邀请到王府中。王爷见达赖喇嘛便生出无限的欢喜信仰，随即向尊者顶礼，奉献哈达，领受摸顶。然后把尊者请到宝座之上，献上了香敬以及精馔美肴。

王爷开口讲道："在我与格格的这块土地上，要请您做我们全体的上师。今生今世不要离开。更要请您保佑犬子长寿。"仓央嘉措应允道："我既在蒙古地方居住，自然要做你们的法师，替你们一切人谋今生后世的利益，至于保佑你的公子，更是责无旁贷的了。"

1720年，仓央嘉措应邀去青海色库寺，为寺院众僧解说《菩提道次策略意》。从此，他成为色库寺的总住持。1721年，色库寺的属寺华锐藏区的石门寺恳请仓央嘉措喇嘛担任堪布，他答应了。

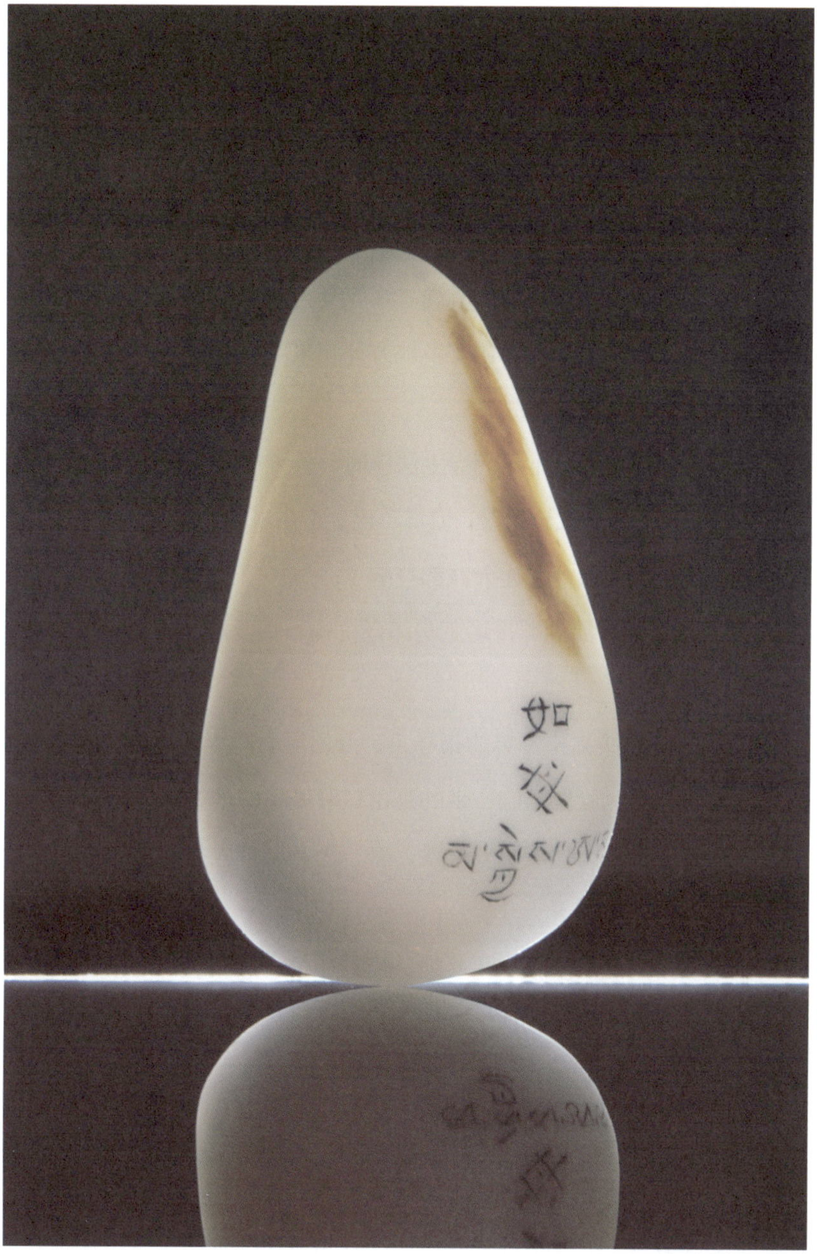

当仓央嘉措到达华锐时，当地六部族、十三寺一千五百多名骑士举行了隆重的欢迎仪式。在盛大的欢迎宴会上，地方代表按当地习俗致了祝词。他说：“当年五世佛王赴北京时路过本地，曾为我们六部族十三寺院的僧俗众生满足了所愿的政教事务。今天尊者不辞劳苦，光临此地，又坐在过去佛王坐过的帐篷里，如同金元宝滚到了我们门上一样，这说明我们有福份。正如俗话所说‘浆舵受苦，瓢勺享福’。虽然西藏十三万户遭厄难，但是太阳在安多地方升起来了。”随后，举行了隆重的赛马大会。

当仓央嘉措尊者登上石门寺主法座时，彩虹出现、天鼓震响，出现种种瑞兆。华锐各地议论纷纷，惊奇不已。正在当地的汉人商贾们也说：“这是个真正的大佛爷，连天鼓都打响了。”

1724年，因青海湖畔丹增王与清廷抗衡，祸及藏区，石门等寺被中原军士焚毁了。

1727年在仓央嘉措喇嘛的指导下，开始了石门寺旁边新址上重建寺院的工程。当时管辖石门一带的是岔口驿城堡的地方官，此人权高势重，反对建寺，今天建墙明天拆毁，有一天甚至带人将刚刚建好的弥勒殿上的瓦也揭下来扔了。

仓央嘉措见此情景，双膝落地，跪到那位官员面前，把那千百种功德修来的高贵的头颅抵到地上，俯首礼拜，口放悲声再三恳求，总算求得那位官员留下了佛殿，免遭拆毁。

那一天，所有的僧众无不潸然泪下，说道：“若不是尊者身披无上慈悲的坚甲胄，以无上精进的力量肩负起利益圣教和众生的神圣职责，驾临北方关爱我们，那么我们为圣法和众生所负的重任真不知有何结果？”

那个地方官当天在返回城堡的路上，突然七窍流血，坠马而死。人们都说，这是他担不起喇嘛跪拜的缘故。因为喇嘛跪拜的缘故，岔口驿地区数年之内大山平川寸草不生，瘟疫流行，饿殍遍地，石门河水数年干涸，众生在苦海中忍受着煎熬。

曾经有一位喇嘛，侍候过仓央嘉措。他听说仓央嘉措仍然在世，疑虑不信。有一天，他携带五十余名僧徒在路上行走时，与仓央嘉措相会。离十多米远时，便认出了尊者。他立即滚鞍下马，像一棵大树似的伏身下拜，无限悲伤，痛哭不已。尊者来到他的身旁，安慰他说：“你不要难过。我如今到北方，全是因为雪域的人们缘份已尽，也是我自己的孽缘所造成的结果，一点也用不着悲伤。我虽是这般光景，但对北方应调伏的生灵而言是具有不可思议的好处的。你应无限欢喜啊！”那位喇嘛听完此言后，起身向尊者献了哈达，一应僧众逐个上来参谒，并请求摸顶。

仓央嘉措喇嘛在多麦地区为了造福生灵，曾显示清净生相五百种及不净生相五百种，对一切有情俱发大乘菩提心。正如一世班禅大师所说：“怙主口中气，众生救苦药。两种资粮毋庸言，祈祷直上三界尊。”

1746年，仓央嘉措在阿拉善举行了隆重的传召大法会，为有情众生消突解厄，并做各种祈祷法事，足足有一个半月。法会结束后，他对弟子阿旺伦珠达吉说：“我心安了！”表现出无比欣慰的心情。

十、圆寂

凡夫的死亡是轮回的延续，尊者的离去是佛法的示现，是圆满清净的成就。

仓央嘉措的所谓的圆寂，只成为众说纷纭的传说。圆寂，是功德圆满并且寂灭各种障碍的意思，也就是说可以摆脱生死的苦恼，完成清净美妙的快乐，这是一种修行到一定境界的结果。

在几种传说中，按照圆寂的本义和仓央嘉措的习性，他大慈大悲是决然不会在那么年轻就离开我们的，或许这里面有隐情，不过如果我们真正了解佛法，这是很容易解释得通的，不过在此之前让我们看看历史学家们奇异的揣测……

有道是："病痛与老死，圣者离此苦"，此话的意思是，通过修行佛法成为得道的圣者，这样的圣者是不会受病痛和老死的痛苦的。因为，佛法的圣者修得金刚不坏之体，不生不灭。

话虽如此说，但佛经上又有开示："只为救度众有情，示现完全涅槃相。"

这里有一个佛经上的故事，内容大概是这样的，众生问佛：世尊如此

这里没有庙宇，却留着神佛的启迪，这里且听风吟，
唱出的是大海梵音……

无量的功德，大自在，为什么您还要示现涅槃呢？佛就给他们讲了这么一个故事：从前有一个长者十分富有，他的儿子们都很尊敬他。一次，长者要离开孩子们了，孩子们都依依不舍，他们请求长者不要离开他们。长者说：我把该讲的道理都给你们讲了，你们要自己做到才行，我要是总在你们的身边，你们还会觉得我讲的话珍贵难得吗？你们不生稀有之想，你们还会按照我的话去做吗？于是，长者就离开了孩子们。

那些圣者，如果常常在我们的身边，我们也不会觉得佛法稀有珍贵，而失去修行的动力，进而懒惰，产生依赖感。看来佛法和世间法的道理是十分的相近。同时，佛还通过涅槃相，示现人世间的无常，生老病死都是人间的因果，圣者示现这样的因果，是为了警醒世人是无常的，不去执着那些不可执着的东西。

时光一晃到了乾隆八年，这时仓央嘉措已经是一位老人了。看样子这年流年不利，在常人看来仓央嘉措的一些言谈与以往也有所不同，似乎另有所思。一天，仓央嘉措说道："今年虽然是凶险的一关，但是有经忏佛事顶着，几年内是不用怕死的了。"

乾隆十年，仓央嘉措巡视各寺院曾经对前来祈福的老人们道："这次要仔细看看我，好好记在心里，人寿无定，以后难以相会啊"。虽然大家听见这么说，都以为说的是那些老人年事高迈，无常迅速的意思，谁也没想到仓央嘉措说的是自己。

后来，仓央嘉措经再三请辞，终于让出了寺院的职务。他说："现在我的心才安定了！"至于嘉格隆寺院主的职位，虽然坚辞，但是没有能交给他人。一次，仓央嘉措回到庙里，他也曾说道："我任院主已经二十五年了，如今年事已高，无能为力，若死于任上，很是不好。"仓央嘉措这样说了，大家也只以为他只是打算让贤而已，没有想到他是暗示寿限将至。

然而，把仓央嘉措所说的这些话语联系起来看，尊者确实是在预示着什么。一次，他对管事长老曲吉说：“我俩的事，在此一言为定了。”后来他回到蒙古地区的营帐中，刚一落座，便道：“我心安了！”

乾隆十年四月，仓央嘉措为大家做了最后的法事，然后道：“吉事一毕，我今生的事业也就功德完满了。”大家也听出了一些端倪，徒弟阿旺伦珠达吉再三恳求，在佛法衰微的时期务必发更大的心愿。

八日，仓央嘉措对徒弟阿旺伦珠达吉说：“今天日子到了！”徒弟阿旺伦珠达吉非常惶恐，赶紧让尊者拿着一颗佛舍利。但是，仓央嘉措不受，他让阿旺伦珠达吉自己留着，徒弟阿旺伦珠达吉哪敢收下，这可是尊者时时带在身边的圣物。徒弟阿旺伦珠达吉再三请求，仓央嘉措就收下了。他似乎明白了徒弟阿旺伦珠达吉的心思，于是说了最后的话：“休要这样，不会有妨碍的！……”终于，六世佛王安详圆寂了。

关于遗体的安置，尊者生前曾有过谈论。他看到一座灵塔，中有灵骨，便对徒弟阿旺伦珠达吉说：“他们都是功德地位甚高的人，若将遗体完整地保存起来好处就大了。”

阿旺伦珠达吉认为，既然尊者说过这样的话，就应该这样保存好尊者的遗体。于是，同有关的上师喇嘛商量，最后决定保存尊者的遗体，但是就在距离现在几十年前，尊者的遗体却遭到了劫难，这是后话，下文再做介绍。总之，万事万物都有因缘，无论是好的还是不好的只要我们保持对尊者的信心，最后的结局总会是圆满的，尽管在圆满之前劫难重重，尊者的经历也充分地说明了这一点。

第六章

生命的花朵

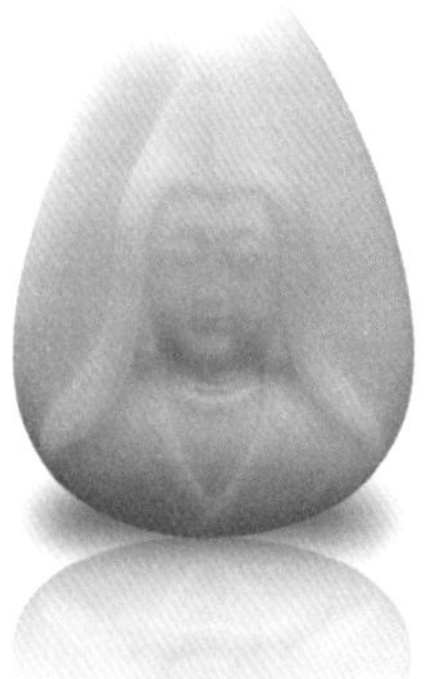

玉之舍利篇

有人说：玉是大地的舍利，玉是大地的骨架。

而佛骨的舍利多为乳白色。我们也发现了很多白色的玉。事实上，玉中白色玉也有不少分类，其中有羊脂白、雪花白、梨花白、象牙白、鱼肚白、糙米白、鸡骨白等等。其中以细润莹洁的羊脂白最佳，又称羊脂白玉。在历史上称“白玉之精”、“玉英”、“玉王”。

一、生命

仓央嘉措尊者圆寂了，生命继续着成、住、坏、空的道理。不过我坚信尊者还会化现各种方便，再次来到人间，来度化千万众生，如母石正是这种化现之一，它让我们再次与尊者结缘。

仓央嘉措尊者的一生是艰难的一生，但是又是慈悲的一生。虽然尊者圆寂了，但是他一定是带着对西藏和阿拉善的无量慈悲，回到天国，也必将转世人间。

生命是可贵的。因此，很多人惧怕死亡，人生自古谁无死，这是一个事实。但是，他们很少有人知道死亡的真相，人对于无知的事物总是害怕的，这很自然。但是，藏族人不太在意死亡，他们看死亡就像回家一样简单。所以，他们死了人一般都不会哭，就是去了天葬台，他们也不哭。西藏人遇到什么苦难都会忍受，他们是不会自杀的，他们在对痛苦的忍受的同时，心灵得到了净化……

藏人对于死亡不是很在乎，我们问一位藏人，他笑笑说：“无所谓什么时候死，我不是很在意，那就像回家一样。”他说的很轻松，看到我们将信将疑的时候又说：“藏地有天葬台，去了天葬台是不能哭的，哭是不好的。”

在藏人看来，哭对于过世的人再次的往生会有妨碍，这让我想起了仓央嘉措尊者的圆寂，他安慰他的徒弟说：“不会有妨碍的。”也是不希望他们过于悲伤。

关于悲伤，有一个格萨王的故事：格萨王是度母的儿子，度母让格萨王到人间去一次。然后又舍不得儿子，于是就哭了。格萨王去人间的路上下大雨，格萨王只能回去。第二次去的时候，对母亲说：您不要哭，您哭了我就去不了人间了。于是度母忍着不哭，但是眼泪在眼眶里打转，结果格萨王在路上遇到大雾，格萨王又去不了了。第三次，母亲保证说我绝不会再哭了，所以第三次才下到人间。

据说藏人是很少哭的，因为死亡如回家，轮回再做人。不过他们认为有一种情况是永远不能轮回的，那就是自己杀自己。所以，藏人是你可以杀我，我不会自杀。无论遇到什么痛苦，我也不会自杀，我都会忍受下来。

在一些大城市，每年自杀的很多，因为找不到生活的意义。藏传佛教让大家理解了生命的真相，告诉了人们应该怎么面对痛苦，仓央嘉措尊者在那样的痛苦下都没有放弃过。

在汉地，“有身体发肤受之父母”之说，西藏也很孝敬父母，因为父母给了我们身体，同时父母也是第一位老师。父母教我们怎样做人，怎样接人待物。所以西藏人把父母都当成活佛，他们尤其对母亲更加尊敬。如果母亲去世了，他们就觉得是母亲换一件衣裳一样，希望母亲往

仓央嘉措

生到一个更好的家庭，继续她的美丽，或者更加美丽。

藏人死后会有很多法事，有的就是愿意下辈子重新成为一家人而做的法事，在法事中可以有这样的祈求，就像发现转世灵童一样。如果发现邻居家的孩子很像自己的母亲，那就会对孩子很好，有时藏人甚至相信母亲会降生在自己的家里。

一般来说，老人死了是不痛苦的，年轻的人就会有些对人世间的不舍。所以，藏人都很能看破生死，并且有一套完备的佛学观念做信仰的支撑，这不能不让我们对雪域高原的人有如此的福报，而感到羡慕不已。

玉树的山，玉树的云，似曾相识，不是佛国香巴拉净土，却也是人间仙境……

二、灵塔

灵塔是阿拉善人民对尊者的纪念，也是尊者对众生的留恋，它永远保佑着阿拉善人民的幸福和吉祥，永远得到佛法雨露的滋养。

仓央嘉措圆寂后，真身灵塔也几经磨难，但是这丝毫不能减低仓央嘉措尊者的神圣之光。灵塔，是供奉和收藏活佛、上师法体或骨灰的一种佛塔，由佛祖释迦牟尼信徒的舍利塔演变而来。因塔内供奉活佛以及在藏传佛教上有巨大成就的大师骨灰，故名灵塔。

灵塔是藏式佛塔的重要组成部分，是具有佛塔和塔葬双重性质的一种建筑，为藏传佛教所独有。约９至１０世纪，西藏开始建造灵塔。灵塔是藏传佛教后弘期的产物，随着藏传佛教的发展，灵塔在西藏普遍盛行。当佛教高僧大德和宗教杰出领袖圆寂时，其遗体经过特殊处理后，完整地保存在塔内，这种塔被称为法体灵塔。

另一种灵塔是将佛教高僧的遗体火化后葬于塔内，称为舍利佛塔。灵塔集佛教土、火、水、空“四界”思想于一体，使四种要素通过灵塔

得以表现。活佛高僧的遗体保存于灵塔中，不仅体现了肉体复归“四界”的佛教思想，还象征着“出生—生活—精神—死亡—出生”这一生命轮回……

甲木英丹·普勒尼玛，他的老家在阿拉善左旗，豪斯布鲁都乡桃李村，甲木英丹·普勒尼玛是他的藏文名字，他离开家乡去西藏学习，成为十世班禅的蒙语老师。班禅坐床的时候，他在旁边扶着，他在藏传佛教中格鲁派的修行有很高的造诣，班禅圆寂后他还在福建弘法，在文化大革命期间，他也受到过很大的迫害……

那场劫难有很多人都受到了迫害，甲木英丹·普勒尼玛从西藏回来以后，曾经在南寺当喇嘛，正赶上一些捣乱分子破坏仓央嘉措尊者的灵塔，当时尊者的肉身还在流血，那时距离尊者圆寂已经好几百年了。

据有关当事人桑吉拉布回忆：仓央嘉措尊者的灵塔被破坏大约是在1967年，正值文化大革命如火如荼的年代，灵塔被破坏的时候很多僧人都不在，多数都逃亡了。僧人离开寺庙大约从1958年开始，年轻的就被赶到牧区去劳动，年纪大的就留在寺庙中，大约只有30几个人。当时，桑吉拉布也能被留在庙里，但是他不愿意留在寺庙所以也就到了牧区。甲木英丹·普勒尼玛就是他们的师父。据桑吉拉布回忆，当时师父好像不在，因为师父当时是重要的管制对象，他是班禅的蒙语老师，是班禅身边的人。灵塔遭到破坏后，他才听说，然后就把骨灰收集起来，隐藏保存起来。

在灵塔遭到破坏之前，桑吉拉布曾经看见过仓央嘉措尊者的肉身，那是1960年，政府的人打算看一看，我们也看见了。当时，尊者的皮肤就像活人一样，摸一下，手上就有很香的香味，打开灵塔不是很容易的，尊者的肉身是贴上金的，灵塔里面供的瓶子里还有油，破坏的时候也没有保存下来，其中有很多东西是仓央嘉措尊者生前使用过的。

尊者的肉身和真人一般大小，有很多的随葬物品，破坏的人抢走一些，他的发冠和铃铛还在，现在大概在呼和浩特。据桑吉拉布回忆，在灵塔被破坏以前里面有些遗物就被拿走了。

尊者的肉身被焚烧之后，桑吉拉布正在山上砍柴，一听说这事儿，就要前往收集骨灰。有一个汉人劝阻桑吉拉布说：“你去干啥呢？你不要脑袋了！”桑吉拉布当时就没敢言语。但是到了晚上，他还是偷偷地去了，当时天黑，他慌忙把骨灰连同沙石都收到一起，回到家桑吉拉布又重新筛选了一遍，开始他把骨灰藏到山洞里，后来又藏到自己家里的面缸里，下面是骨灰上面铺一层面粉。

当时，牧场的人看见桑吉扌 在劳动现场，就派人来家里抓他，并且检查了他家，不过没有发现面缸里的秘密。为了安全，他又把骨灰藏到羊圈里，当时对桑吉拉布这样的人看管也是很严的，他仍然觉得不安全。于是，桑吉拉布求人给母亲捎信，让母亲到农场来一趟，他告诉母亲，他很不放心，让母亲赶紧再换个地方隐藏，结果桑吉拉布的母亲就把骨灰藏到锅台下面，幸亏如此行事，因为羊圈第二年就被铲平修路了。

就这样，尊者的骨灰在锅台下埋藏了好多年，后来又藏到山洞，才保存了下来，成为了一个秘密。直到 1981 年，在这一年桑吉拉布把骨灰交给了他的师父甲木英丹喇嘛。甲木英丹·普勒尼玛喇嘛在当地很有威望。他把得到的尊者的骨灰重做了灵塔，在南寺灵塔做了开光，在造灵塔的时候，还请教了塔尔寺的活佛，活佛说要修就修个与原来一样大的。

据老庙志记载，南寺是尊者圆寂后才建成。事实上，南寺在仓央嘉措生前就开始建设了。灵塔就建在寺院中，建南寺是仓央嘉措的心愿，也是他亲自选址。传说有两位姓张的兄弟一直侍从着仓央嘉措，原址原来也叫莲花山，有一个小的寺庙，还有宗喀巴大师的像。

尊者肉身遭到破坏后，被火焚烧。在灵塔中，就有一张图，这个图就是宗喀巴大师的像，还有一个金牌，一个玉人。这是甲木英丹大师见到的。也许这也是因缘，灵塔被那些捣乱分子知道了，于是南寺和灵塔也遭到破坏。

说到南寺，那是仓央嘉措化缘初创的，据说仓央嘉措能给人看病，通过看病结了很多善缘，这两个姓张的兄弟就是因为尊者为他们的孩子治好了病而发愿供养尊者的。

甲木英丹大师，一直跟随十世班禅，来到北京。他认为达里克庙是一个很好的道场，后来政府拨款给十世班禅修缮了达里克庙，甲木英丹·普勒尼玛建议十世班禅先住在达里克，但是十世班禅没有同意，到了西藏就圆寂了。有人觉得如果十世班禅听从了甲木英丹大师的话，也许现在还健在呢！当然，那只是世人的猜测而已。

后来，甲木英丹回到了达里克庙，大师在蒙古人里面也算是见过大世面的人，他跟一般人说的话人们都听不懂，不过跟懂一些藏密的人可以聊到一起。甲木英丹大师会给他们讲许多故事和往事，但是很少涉及神奇的事，大概是怕大家不懂，有时他也讲一些佛法和生活上的道理。

据甲木英丹大师回忆，当时仓央嘉措尊者的灵塔遭破坏的时候，也不知道有多少人参与。庙里的喇嘛也不多，很多都逃亡了。仓央嘉措尊

第一最好不相见，如此便可不相恋；第二最好不相知，如此便可不相思

者的灵塔，里面是尊者的肉身坐像，那些搞破坏的人毁坏肉身后将其烧毁，却遗留下很多的舍利，有很多带颜色的舍利和骨灰，这些达里克庙保存了一些，南寺也保存了一些。

甲木英丹大师曾有一些弟子，也不是很多，不过密宗的造诣均不是很高。于是，甲木英丹·普勒尼玛就把在灵塔中发现的金牌和玉人交给他信任的人保管，后来由机缘巧合，如母石被扎西尼玛发现。可以说，如母石就是遵照甲木英丹的指引，沿着仓央嘉措的足迹发现的。

现在，拉萨有人想把仓央嘉措尊者的舍利迎请回西藏，正如如母石的发现一样，这还是需要缘分，也许冥冥中一定会有安排。

我想在这里停留……

三、化身与活佛

化身是佛陀的智慧，也是尊者对众生的无量慈悲。

有这样的传说，仓央嘉措尊者来到阿拉善弘扬佛法，其身正是菩萨无量化身之一。因此，仓央嘉措尊者的化身应有很多，不止出现在一个地方，也就不足为奇了。

藏传佛教对修行有成就的，能够根据自己的意愿而转世的人称为“朱毕古”（藏语）或“呼毕勒罕”（蒙语）。这个字的意义就是“转世者”或叫“化身”。“活佛”乃是汉族地区的人对他们习俗的称呼。

佛成就三身，法身、报身、化身。化身又名应化身、变化身。为众生变化种种形的佛身。观世音菩萨早已成佛，为度化众生，化现三十二种化身。

佛经上说，无尽意菩萨问佛：“世尊，观世音菩萨为什么云游这个娑婆世界，怎样为众生演说佛法，大行方便之力，这些事是怎样的呢？”佛告诉无尽意菩萨：“善男子，如果有一个国土的众生，应该以佛身得度化的众生，观世音菩萨就显现佛身而为他演说佛法……”

也就是说，众生应该以什么样的化身受度化，观世音菩萨即显现该身度化他，观世音菩萨具有无量的智慧和方便之力，常化现三十二种身相，又名三十二应身。分别是：

三圣：佛身、辟支佛身、声闻身

六天：梵王身、帝释身、自在天身、大自在天身、天大将军身、四天王身

五人：小王身、长者身、居士身、宰官身、婆罗门身

四众：比丘身、比丘尼身、优婆塞身、优婆夷身

众妇：长者居士宰官婆罗门妇女身

二童：童男身、童女身

十类：天身、龙身、夜叉身、乾闼婆身、阿修罗身、迦楼罗身、紧那罗身、摩侯罗伽身、人身、非人身

力士：执金刚神身

藏传佛教活佛转世有几种情况：前世活佛转世；因学识渊博，修炼达到很高程度而被上一级活佛确认为活佛；因对本寺政教事务作出卓越贡献而被僧俗群众要求转世的。也有些活佛因在世时失去威望或因寺院经济力量衰败，因战争或政治形势变化等因素而中断或不再转世的。这样发展的结果，转世者的数目难以预测。

在灵童的确认方面，可以说机会是均等的。凡信奉佛教家庭出生的儿童，不论民族，不论贫富，不论男孩、女孩，凡符合选拔条件的均可入选灵童。在历世达赖喇嘛中，第四世达赖喇嘛云丹嘉措是出生于蒙古族贵族家庭的蒙古族喇嘛；第六世达赖仓央嘉措则是门巴人。

佛陀是一个觉悟者，他觉悟了什么？觉悟了在我们这种世间的假象所体现出来的一种颠倒意识。我们的意识里对于无常的东西认为是永长不变的，对于不变的东西却常常体现出来是无常。当通过修行不断地去除自己的这种烦恼的同时，才慢慢还原的一个人的心的本性。心的本性是一种光明体……

四、法身舍利——醒世情歌

那一天，我闭目在经殿的香雾中，蓦然听见你诵经中真言；

那一月，我摇动所有的经筒，不为超度，只为触摸你的指尖；

那一年，磕长头匍匐在山路，不为觐见，只为贴着你的温暖；

那一世，转山转水转佛塔，不为修来世，只为途中与你相见。

这是流传最多的仓央嘉措的一首诗，很多人理解为情诗，事实上却是诗人描写自己寻找到上师时的激动心境。

现在重读这首诗，你是否会有所体会，这就是诗人一生的写照呢？人的一生不也正是行走在路上的一生吗？每个人上下求索，希望寻找到的究竟是什么呢？如果你果真有幸找到你心中的佛，或者是你的真爱，或者是你深信的真理，那你的一生便是不枉此行了。

所以，诗人当年行走的一路，便是他自己求得真经的一路吧。

让我们再回首一下这一路吧。从坐床布达拉宫的拉萨，到诗人的故乡门隅，从发现如母石的玉树，到传说为诗人埋骨之处的青海湖。最后

藏族晒佛节时，各地寺庙将寺内珍藏的巨幅布画和锦缎织绣佛像取出，或展示于寺庙附近山坡或巨岩的石壁之上。这些巨幅布画和锦缎织绣佛像，做工精致，色泽鲜艳，为了让善男信女者观瞻，朝拜佛像，有的寺院还修筑巨大的晒佛台。

到诗人终老的衤　　可拉善。

莫道这路途有多艰苦啊，有多少奇珍异宝，稀世良缘便藏于这路途之中。而要真正能够体会当年上师的心境，获得当年上师同样的苦修经历，就一定要你拥有一颗虔诚圣洁的心。

一段天籁般的声音，在广袤的雪域高山之间激发着一代又一代的藏民对美好恋情的向往憧憬；也感动着一代又一代走过沧桑人生之路的老人们，回味自己生平珍贵的情感记忆。单凭这首足以承载与诠释世间“永恒主题”的情诗，仓央嘉措已是藏民族当之无愧的文化巨人。他的英名和事迹比任何一位藏民族历史上影响巨大的伟人都要深入人心，影响广泛，当在情理之中。

虽然他未被供奉在庄严的佛龛之中，可却被供养在民族的血脉之中，藏民族已经将他平民化，亲切融会于雪山脚下的草甸、白云深处的帐篷、经幡飘拂的藏屋之中了；仓央嘉措走下了神坛佛龛，但却步入了民间村舍。“莫怪活佛仓央嘉措，风流浪荡；他想要的，和凡人没什么两样。”道出了仓央嘉措这位高原之子的风骨。作为活佛，肩负度世慧命，而他俗化了慧命，将不朽的慧命融化于世俗的善巧方便；作为凡人，承载婆娑生命，而他佛化了生命，将无常的生命提升至出世的崇高境界。

仓央嘉措的另一首情诗，一向为人们所热情传唱：“入夜去会情人，破晓时大雪纷飞。足迹已印到雪上，保密还有什么用处？”记得鲁迅先生曾言到：一部《红楼梦》，有人看到淫，有人看到易，才子看到缠绵，俗人则看到宫闱秘事。

同样，在这首仓央嘉措的情诗中，我们又看到了什么呢？也许，我们所看到的是一位风流少年，半夜偷偷遁出布达拉宫的边门，前往位于

释迦摩尼说：“众比丘们，有学识的人们，我所讲的东西，你们先不要盲目的加以相信，金子是怎么提炼的？他的纯度是多少？是要靠不断地锤磨来锻炼出来。犹如这样，我所讲的每一句话你们一定要去研究他，一定要带疑问去研究他，站在中立的角度研究他，不要因为我是佛陀，而带着尊敬的态度去相信我的话，这和我的教育是背弃的。”

八廓街的藏式酒家中，与其心怡的情人幽会，本想做得悄然无声，却未曾想一场大雪，将其回归的脚印留下。结果此事横空出世，变成家喻户晓，街谈巷议的笑谈。

暂且不说此说的准确可信度，想当年蒙古和硕特部法王拉藏汗与西藏政府第五任第巴桑结嘉措发生尖锐冲突，拉藏汗杀桑结嘉措后，更向康熙皇帝谗言相告，致使康熙皇帝决定废除六世达赖喇嘛仓央嘉措。此举激怒了拉萨的僧侣，他们在哲蚌寺集体保护仓央嘉措。

以当时的复杂政局，由和硕特部法王拉藏汗处所传的有关仓央嘉措的绯闻，能有多少可信度呢？因此，与其说这首传唱悠久、令人遐想无限的诗歌是首上乘的情诗，不如说这是仓央嘉措的悟境迷意的隐喻开显，一位慧命在身的活佛对世人的开示。不知道众生在吟咏这首情诗之际，是否领略到佛法关于业力作用无处能躲又无时可避的意境……

很多人，很多事，刹那间便是永恒……

五、真身舍利——如母石

"那玉石，洁白莹润，温暖细腻如同母亲的双手。"当扎西尼玛第一次在湖边发现这种石头的时候，马上就想起了这句话。

"02 年的第一次行走，我感受了那路程的艰苦，同时却美好。"

"05 年的第二次行走，我第一次走完了整个路途，更多的去关注一路上的寺庙。我走访了格鲁派的六大寺院，开始带着佛心去感受，旅程更加的丰富与细腻。"

"06 年的第三次行走，却让我有了更大的惊喜。我竟然在三江汇合的玉树，在她的湖泊河道里发现了玉石，那玉石非常的洁白细腻，竟然和甲木英丹大师留下的、仓央嘉措大师一生戴在身边的母亲石如出一辙！"

至今，扎西尼玛讲述他发现玉石时候的感觉，依然眼睛闪闪发亮。

当他第三行走在拉萨至阿拉善的路上的时候，他心中默默想着，这一次会有什么样不同的收获？"我想更细致的去感受仓央嘉措当年遁世

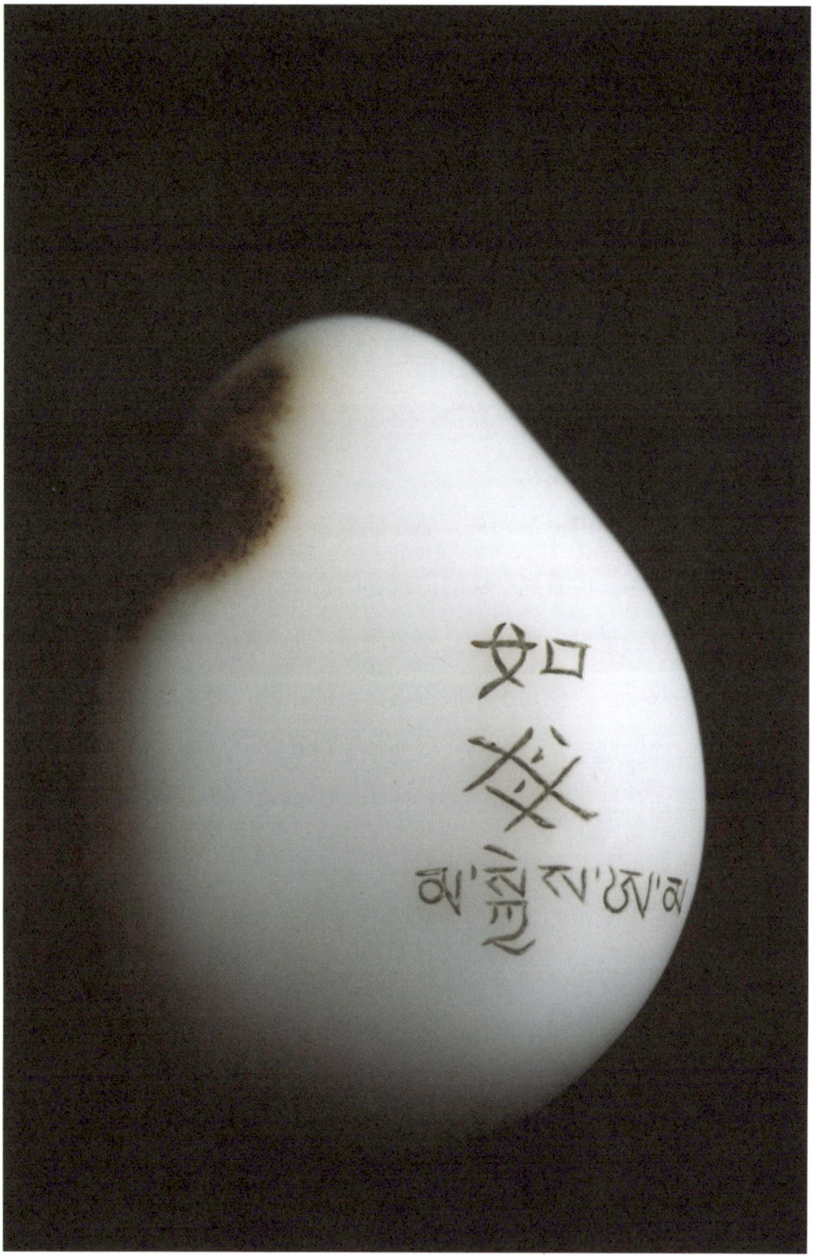

将全部献给你——净饭王之子悉达多：如不是因为你，至今我还不知自己是一个漂泊的人。

时的心情，那应当和旅行是不一样的，没有那么轻松和好奇，应该是沉重郁闷的吧。我仔细研读了仓央嘉措的生平传记，他的事迹非常的传奇动人，所以那些曾经发生过传奇故事的地方，我都会格外多体会一些。”

仓央嘉措发现玉石并把它雕刻成母亲像的故事，扎西尼玛曾在书中看到过简单描述：“途径玉树，偶得此玉，随从工匠，雕刻成形。”并且，他亲眼看到过那尊小巧而充满灵动之气的玉佛。所以扎西尼玛这一次旅程，在玉树逗留了更久的时间。他并没有刻意去寻找那玉石，因为那玉石是天上神灵专门赐予仓央嘉措，给这位圣僧以温暖和力量的，寻常人又怎会有缘寻得此玉呢？

然而让扎西尼玛惊奇的是，他真的发现了这样的石头！就在玉树，在湖泊的河道中，他看到一块洁白圆润的白石。静静的躺在那里，充满灵气，仿佛曾经见过一般。他立刻想到了“那玉石洁白莹润，温暖细腻如同母亲的双手。”他几乎不敢相信自己的眼睛，他不敢相信自己竟然也会经历同样发现玉石的奇迹。但他相信佛和缘，便毫不犹豫将这石头拾起带在身边。他知道，他一定和这石头有缘。

“它是如母石，又称仓央脂玉。”

甲木英丹大师曾经拿着仓央嘉措留下来的母亲玉石雕像，说起这玉石的来历：“他由莲花而生，他是世界上最美的石头。”

在佛教中，莲花圣洁无比，她随太阳花开花落，充满了生命力。据说后来成为佛祖的悉达多太子出世后，立刻下地走了七步，步步生莲。所以莲花就成了他诞生的象征。此后，佛祖们都端坐于莲花台上。

佛教徒相信，莲能反应修行程度，若高僧诚心念佛，则西方七宝池中即生莲花一朵，若能精进则其花渐大，倘或退惰则其花萎落。

这石头是否就是仓央嘉措大师潜心修炼的结果呢？他从仓央嘉措的遗物中发现，又在仓央嘉措遁世的路途中被寻觅到，而这石头的色泽品质，都像极了莲花。

如母石质地纯净细腻，莹润剔透，如同莲花圣洁纯净的品质。莲花有五色，白、黄、粉、紫、红，而在发现的如母石中，也相继出现了这五种颜色。这一定不仅仅是一个巧合，扎西尼玛深信甲木英丹大师的遗言，这些如母石即是莲花所生，是仓央嘉措大师一路上潜心修行而留下的莲花朵朵！

后来，扎西尼玛拿着这种玉石走访过许多玉石专家，他们都为这种白玉惊叹不已。“开始我以为是和田玉”，扎西尼玛说：“但鉴定这种玉石的专家们一致说，他们从没有看到过这种类型的玉。她比和田玉更加的纯净、浑厚、细腻和润泽。和田玉是网状结构，而如母石为粒状结构，质地极为纯净。”

这是国内罕见的新玉种！这不愧是仓央嘉措留给后人的礼物！

如今这莲花石终于显露世间，这是仓央嘉措大师留给后人的福运，所有得以遇见过、接触过、或者拥有过这莲石的人，都是和大师有缘的人，都是被大师福运泽被的人。

佛说：诸法因缘生。

一个事物的产生和发现，有其内在的原因和条件。什么是原因，那些与这个事物亲近的事物和对这个事物执着的人，就会成为形成和出现这个事物的原因，与这个事物的疏离一些的或结合稍弱的人就是这个事物的缘。

佛舍利，很多人都感到十分神奇，他是活佛修行极其圆满的物证。

舍利，也叫做设利罗，是佛的遗骨，也是灵骨。舍利有三种色：白色骨舍利、黑色发舍利、赤色肉舍利。金光明经舍身品上说：“是舍利者，即是无量六波罗蜜功德所重。”这种舍利，就是修行无量的六种波罗密所积累的功德所凝结而成。所谓六波罗密在佛教中的意思是：即布施、持戒、忍辱、精进、禅定、智慧。这与宝玉的五德是多么的相似……

正如如母石在当代被发现，这与仓央的情歌的出现不无相似之处，如果说仓央情歌是仓央嘉措留给人间的法身舍利——精神财富，那么如母石就是仓央嘉措留给人间的真身舍利——物质财富，佛法的真谛和上师眷恋众生的情怀随着仓央嘉措的歌声传遍雪域高原大江南北，而如母石则是后人顶礼膜拜，供我们追思畅想这位如观世音一般慈悲的智慧导师……

总结仓央嘉措的一生，可以用一幅对联来概括：

虽琢虽磋，宝玉总是温润显其泽。

无执无染，圣人常以慈悲为根本。

紧握这块石头，这里有母亲浓浓的温馨和习惯，
有儿女们深深的心香和思念……

六、《布达拉宫词》仓央嘉措一生的缩影

抗战时，国民政府蒙藏委员会委员曾缄，仿长恨歌体，写有拉萨宫词古风一篇，这首词可以说是仓央嘉措一生的缩影，名叫《布达拉宫词》其文如下：

拉萨高峙西极天，布拉宫内多金仙，黄教一花开五叶，第六僧王最少年。
僧王生长寞湖里，父名吉祥母天女，云是先王转世来，庄严色相娇无比。
玉雪肌肤襁褓中，侍臣迎养入深宫，当头玉佛金冠丽，窣地袈裟氆氇红。
高僧额尔传经戒，十五坐床称达赖，诸天时雨曼陀罗，万人伏地争膜拜。
花开结果自然成，佛说无情种不生，只说出家堪悟道，谁知成佛更多情?
浮屠恩爱生三宿，肯向寒崖倚枯木，偶逢天上散花人，有时邀入维摩屋。
禅修欢喜日忘忧，秘戏宫中乐事稠，僧院木鱼常比目，佛国莲花多并头。
犹嫌生小居深殿，人间佳丽无由见，自辟离门出後宫，微行夜绕拉萨遍。
行到拉萨卖酒家，当炉女于颜如花，远山眉黛消魂极，不遇相如深自嗟。
此际小姑方独处，何来公子甚豪华?留髡一石莫辞醉，长夜欲阑星斗斜。
银河相望无多路，从今便许双星度，浪作寻常侠少看，岂知身受君王顾。
柳梢月上订佳期，去时破晓来昏暮，今日黄衣殿上人，昨宵有梦花间住。

花间梦醒眼朦胧，一路归来逐晓风，悔不行空学天马，翻教踏雪比飞鸿。
指爪分明留雪上，有人窥破秘密藏，共言昌邑果无行，上书请废劳丞相。
由来尊位等轻尘，懒着田衣转法轮，还我本来其面目，依然天下有情人。
生时凤举雪山下，死复龙归青海滨，十载风流悲教主，一生恩怨误权臣。
剩有情歌六十章，可怜字字吐光芒，写来昔日兜绵手，断尽拉萨士女肠。
国内伤心思故主，宫中何意立新王，求君别自薰丹穴，访旧居然到里塘。
相传幼主回銮日，耆旧僧伽同警跸，俱道法王自有真，今时达赖当年佛。
始知圣主多遗爱，能使人心为向肯，罗什吞针不讳淫，阿难戒体终无碍。
只今有客过拉萨，宫殿曾瞻布达拉，遗像百年犹挂壁，像前拜倒拉萨娃。
买丝不绣阿底峡，有酒不酹宗喀巴，尽回大地花千万，供养情天一喇嘛。

南环瑾大师评价说：

现代语称人为感情的动物，确甚恰当。忘情方为太上，足见性情之际，最难调服。善於用情者，其唯圣人乎！古人云：“不俗即仙骨，多情乃佛心。”此为大乘境界，非常人可知。然情之为用，非专指男女间事，如扩而充之，济物利人，方见情之大机大用也。

宗喀巴唐卡真迹（清中期至清末期）